Do Recinto Externo ao Santuário Interno

ANNIE BESANT

Do Recinto Externo ao Santuário Interno

Editora Teosófica
Brasília - DF

The Theosophical Publishing House
From the outer court to the inner sanctun
Adyar, Chennai, 600 200, Índia, 1983.

EDITORA TEOSÓFICA
Sig Sul Qd. 06 Lt. 1.235
70.610-460 – Brasília-DF – Brasil
Tel.: (61) 98613-4906 / 4909
E-mail: editorateosofica@editorateosofica.com.br
Site: www.editorateosofica.com.br
Instagram: @editorateosofica

B554 Besant, Annie

Do recinto externo ao santuário interno/ Annie Besant; Tradutor: Edvaldo Batista de Souza. Brasília: Editora Teosófica, 2019.
192 p.

Título original: From the outer court to the inner sanctum.

1. Teosofia
II. Título

ISBN 978-85-7922-202-3

CDU 141.332

Revisão: Valéria Marques de Oliveira
Diagramação: Reginaldo Mesquita
Capa: Tiago Portes
Impressão: Gráfika Papel e Cores - Fone (61) 98592-6028 (1Reimp.2025)
E-mail: comercial@grafikapapelecores.com.br

Sumário

Capítulo 1

PREFÁCIO DA EDIÇÃO BRASILEIRA

A vida nos proporciona aprendizados em todas os campos de atuação e relacionamentos. Dentro desse contexto, existe uma área que é bastante presente e sensível para muitas pessoas no mundo, diz respeito à espiritualidade. Ter uma relação cada vez mais verdadeira e harmônica é um desafio contínuo, pois a espiritualidade é muito sutil e reflete na verdade a interação com a existência humana como um todo.

A complexidade inicial para o despertar das qualidades virtuosas em pessoas que estão buscando o caminho espiritual está na necessidade de nos responsabilizarmos, com esforço pessoal, por todos os aspectos da nossa vida. Uma questão é que pessoas em geral não estão prontas para essa abordagem holística, pois muitas só se dedicam a uma ou outra área da vida de forma séria, caso tenham algum ganho pessoal. Mas o caminho para o verdadeiro êxito está na integração, na percepção que existe uma Unidade na existência, uma integração com tudo e todos.

O que a autora expõe, de forma brilhante, é que há um caminho a percorrer com várias etapas desde a trilha da purificação, do controle do pensamento, da formação do caráter e da alquimia interior, até "o limiar" para ingressar nos Portais de Ouro, e assim acessar os templos internos.

O sucesso nessa grande empreitada dependerá do grau de dedicação do peregrino, da qualidade e efetividade do seu trabalho, da serenidade e paz que demonstrar diante das adversidades, e da capacidade de se manter em sintonia com inspirações que vêm do alto e, porque também não dizer, das inspirações que vêm de dentro de cada um de nós.

Annie Besant

Que a percepção dessa realidade presente na vida de tantos seres possa também ser sentida e vivenciada por você. Estas são as nossas sinceras aspirações!

Ígor Mendonça Câmara
Diretor-Presidente da Editora Teosófica

Capítulo 1

Purificação

Se fosse possível nos colocar, em pensamento, num centro do espaço, do qual pudéssemos ver o curso da evolução, e estudar a história da nossa cadeia de mundos, tal como podem ser vistos pela imaginação mais do que pela aparência com que se apresentam no físico, astral e mental, eu penso que ao olharmos exteriormente para esses grupos evolutivos, essa humanidade em evolução, poderíamos numa imagem colocar o todo. Vejo uma grande montanha situada no espaço, com uma estrada que serpenteia ao redor da montanha, que vai girando em torno dela até atingir seu ápice. As voltas que esse caminho dá são sete, e em cada volta há sete estações, onde os peregrinos ficam durante algum tempo. Dentro dessas estações eles têm de subir, volta por volta[1]. À medida que traçamos o caminho que sobe por aquela trilha em espiral, vemos que ele termina no topo da montanha e leva a um majestoso Templo, como que feito de mármore, de uma brancura radiante e que ali se ergue, cintilando contra o azul etéreo.

Esse Templo é a meta da peregrinação, e os que estão no seu interior terminaram o seu percurso – no que se refere à montanha – e ali permanecem apenas para auxiliar os que ainda estão subindo. Se observarmos o Templo mais atentamente, constataremos, ao tentar ver a sua construção, que ele tem, ao centro, um Santo dos Santos. Em torno desse centro estão os quatro Pátios, circundando o Santo dos Santos como círculos concêntricos. Todos estão dentro do Templo.

Uma parede separa cada Pátio do que lhe é contíguo, e para passar de um Pátio para o outro o

---

[1] A peregrinação da humanidade durante seu atual ciclo de evolução consiste em passar sete vezes ao redor de uma cadeia de sete globos; em cada globo, ela permanece muitos milhões de anos, e destes fica lá quarenta e nove – sete globos habitados sete vezes.

caminhante deve atravessar um portal, apenas uma em cada parede circundante. Assim, todos os que alcançaram o centro terão de passar por aqueles quatro portais, um por um. Fora do Templo ainda há outro recinto fechado – o Pátio Externo – e esse Pátio acolhe muitos peregrinos, mais do que os que estão dentro do Templo propriamente dito.

Olhando para o Templo, para os Pátios, e a estrada da montanha que serpenteia desde abaixo, vemos esse quadro da evolução humana e a trilha ao longo da qual a raça está caminhando, bem como o Templo, que é a sua meta. Ao longo daquele caminho que dá voltas à montanha, uma multidão de seres humanos vai de fato subindo, mas subindo vagarosamente, passo a passo. Às vezes, tem-se a impressão de que cada passo à frente corresponde a um passo para trás, e embora a tendência de toda aquela multidão seja para subir, a ascensão é tão lenta que os passos mal se fazem perceptíveis.

Esta evolução eônia da raça, subindo sempre, parece tão lenta, extenuante e dolorosa que nos perguntamos como podem os peregrinos ter ânimo para subir durante tanto tempo. Dando voltas à montanha, milhões de anos se passam, e na marcha de milhões de anos o peregrino segue. Enquanto ele caminha por ali durante esses milhões de anos, uma infindável sucessão de vidas parece passar, todas despendidas na subida – cansamo-nos só de observar as imensas multidões subindo tão lentamente, caminhando, volta por volta, na escalada daquela estrada em espiral. Observando-as, indagamo-nos: “Por que sobem com tanto vagar? Por que esses milhões de indivíduos empreendem uma viagem tão longa? Por que se esforçam por alcançar aquele Templo situado lá no ápice?”

A marcha se nos afigura muito lenta porque eles não veem seu ponto de chegada, a sua meta, e não percebem em que direção estão viajando. Observando alguns caminhantes, vemos que estão sempre se desviando para os lados, atraídos para cá e para lá, sem qualquer propósito em seu caminhar. Não andam diretamente para frente, atentos ao que fazem, mas perambulam, como crianças, correndo atrás de uma flor ali, tentando apanhar uma borboleta acolá. Assim, temos a impressão de que todo seu tempo é desperdiçado, e apenas um pequeno avanço chega a ser conquistado quando a noite cai sobre eles e o dia de marcha termina.

Não parece sequer que o próprio progresso intelectual, lento como também é, torne o passo mais rápido. Quando observamos aqueles cujo intelecto é escassamente desenvolvido, eles dão a impressão de que, depois de cada dia vivido, mergulham no sono e dormem quase que no mesmo lugar que ocuparam na noite anterior. E quando voltamos os olhos para aqueles que se mostram mais altamente evoluídos, no que se refere ao intelecto, também esses estão viajando devagar, muito devagar, e a cada dia de vida parecem fazer pequeno progresso. Olhando assim para eles, nosso coração sente-se fatigado com aquela subida, e ficamos a pensar por que não erguem os olhos e entendem em que direção seu caminho está levando-os.

Agora, o Pátio Externo, que alguns dos caminhantes da vanguarda estão alcançando, aquele Pátio Externo do Templo, dá a impressão de que pode ser atingido não apenas pelo caminho que serpenteia, volta por volta, ao longo da montanha, mas também por caminhos mais curtos que não a circundam, mas que podem ser escalados diretamente pelos flancos, se o coração do viajante for corajoso e suas pernas se mostrarem resistentes. Ao tentar ver como os indivíduos encontram um caminho mais rápido para o Pátio Externo do que aquele que vem sendo trilhado por seus companheiros de viagem, parece que percebemos que o primeiro passo é dado para fora dessa longa espiral quando alguma alma, que talvez por milênios tenha estado viajando em voltas, compreenda, pela primeira vez, o propósito da viagem, e vislumbre, por um momento, uma cintilação vinda do Templo, lá do ápice. Porque aquele Templo branco envia raios de luz sobre os flancos da montanha. De vez em quando um viajante levanta os olhos, afastando-os das flores, das pedrinhas e das borboletas que estão pelo caminho, e aquela cintilação atrai o seu olhar. Olha para cima, para o Templo, e, por um momento, ele o vê.

Depois desse momentâneo relancear de olhos, nunca mais aquele peregrino será o mesmo, porque, embora apenas por um instante, compreendeu quais eram a meta e a finalidade. Viu o ápice rumo ao qual está galgando, e viu também o caminho íngreme, mas muito mais curto, que sobe diretamente do flanco da montanha, o lugar onde o Templo resplandece. Compreende, naquele momento, que a estrada tem um nome e ele é "Serviço", e aqueles que enveredam pelo caminho mais curto devem entrar através de um portal, onde as palavras "Serviço do Ser Humano" estão brilhando com letras douradas.

A alma compreende que, antes de poder alcançar pelo menos o Pátio Externo do Templo, deve passar através daquela porta e compreender que a vida é feita para o serviço e não por egoísmo, que a única maneira de subir mais rapidamente é fazê-lo por amor dos retardatários, a fim de que o auxílio mais eficaz, vindo do Templo, possa ser enviado ao encontro dos que vêm subindo, o que de outra forma não seria possível. Essa visão não passou de um vislumbre fugaz, foi apenas um rápido olhar ziguezagueante, porque os olhos foram colhidos por um único dos raios de luz que descem da montanha. Há tantas coisas atraentes dispersas ao longo desse caminho sinuoso, que o olhar da alma é facilmente atraído para elas. Mas, uma vez recebida aquela cintilação, existe a possibilidade da alma obtê-la de novo, com maior facilidade. Quando uma vez atingido o objetivo da realização, e o dever e o poder do serviço lograram essa momentânea e imaginativa compreensão da alma, permanece ali o desejo de trilhar uma senda mais curta e encontrar o caminho que leva diretamente, pelo flanco da montanha, ao Pátio Externo do Templo.

Após aquela primeira visão, os vislumbres surgem de tempos em tempos; e dia após dia a longa escalada de brilho retorna à alma, brilho que vai se tornando cada vez mais intenso. Vemos que essas almas, que apenas por um momento reconheceram que há um escopo, um propósito na vida, começaram a subir com maior resolução do que suas semelhantes. Embora ainda estejam dando voltas em torno da montanha, observamos que começam a agir com maior firmeza no que se refere às virtudes, e que se dedicam com maior persistência ao que reconhecemos como religião, essa religião que se esforça por ensinar-lhes como podem subir, e como o Templo pode finalmente ser alcançado. De modo que aquelas almas que alcançaram um vislumbre da possibilidade desse final, e perceberam o esboço do caminho que conduz a ele, são as que se distinguiram entre as suas semelhantes, pela diligência e vigilância; e prosseguem à frente da infinita multidão que sobe ao longo dessa estrada.

Essas almas caminham mais depressa, porque há um propósito em suas viagens e estão tomando uma direção que principiam a compreender, e assim começam, ainda que de maneira imperfeita, a tentar viver com um propósito definido. Apesar de ainda dificilmente reconhecerem qual será esse propósito, porque tem do caminho uma vaga intuição, mais do que uma compreensão precisa – ainda assim já não estão perambulando ao acaso, de um lado para outro, às vezes um pouco para cima, às vezes mais para baixo. Estão, agora, subindo deliberadamente pelo caminho em espiral, e a cada dia seguem um pouco mais depressa, até se destacarem nitidamente à frente das multidões pela espiritualidade de sua vida, pela prática das virtudes e pelo desejo crescente de serem úteis aos seus semelhantes. Começam a empreender seu caminho para o topo com maior celeridade, embora ainda na estrada sinuosa, sempre buscando ajudar os que as rodeiam e tentando impulsioná-los mais depressa ao longo do caminho.

Em breve, com aqueles que, assim, estão amando e servindo, virá ao seu encontro uma figura que é bela, embora à primeira vista seu aspecto seja severo, que lhe falará e dirá algo de modo abreviado; essa figura é o Conhecimento, e ele sussurra-lhes algo sobre as condições exigidas para um progresso mais rápido. A religião, que os tem ajudado na prática das virtudes, é, por assim dizer, a irmã desse conhecimento, como também o é o Serviço do Ser Humano. E os três, reunidos, começam a encarregar-se da alma.

Por fim, uma alvorada mais brilhante se faz presente, e, com ela, a identificação mais completa. Percebemos que a alma começa a definir para si mesma a finalidade da sua subida, não apenas sonhando com o futuro, mas tornando esse sonho mais concreto em sua intenção. Veremos essa alma identificando o serviço como lei da vida. Agora, de propósito, desprende-se suavemente dos seus lábios a promessa de ajudar no progresso da raça. Esse voto é o primeiro que a alma faz, o de doar-se, às vezes, ao serviço da raça – um voto que ainda não contém uma meta bem-definida, mas que já existe em embrião.

Está escrito, em uma Escritura, que um dos Grandes Seres subiu pelo caminho íngreme, e tão rapidamente, que deixou para trás toda a sua raça, encontrando-se sozinho na vanguarda, o prelúdio, a promessa da humanidade. É dito sobre ele, que em épocas posteriores foi conhecido como Buda, que "Ele aperfeiçoou seu voto, *Kalpa*[2] após *Kalpa*";

---

[2] Palavra sânscrita que significa um longo período de tempo, composto de períodos menores chamados *Manvantaras*, que, por sua vez, compreendem períodos mais curtos chamados *Yugas*. (N. T.)

para a conquista que iria coroar Sua vida e que teve como início a promessa de serviço. Esse voto da alma é que vai uni-la aos Grandes que já partiram, produzindo, por assim dizer, o vínculo que a leva ao caminho probatório, o caminho que a conduzirá para dentro, e, através do Pátio Externo, para cima, para a própria porta do Templo.

Por fim, após muitas vidas de esforços, muitas vidas de trabalho, tornando-se mais pura, mais nobre e mais sábia vida após vida, a alma revela distintamente uma vontade que agora se faz mais forte. Quando essa vontade se exprime como um claro e definido propósito, não mais o sussurro que aspira, mas a palavra que ordena, então essa vontade resoluta baterá ao portal que leva ao Pátio Externo do Templo, com um toque que ninguém poderá recusar – pois tem nele a força da alma que está determinada a vencer, e que aprendeu o suficiente para entender a vastidão da tarefa que irá empreender.

Aquela alma que se encontra no Pátio Externo do Templo sabe o que está se esforçando para realizar, percebe a vastidão da dificuldade que se encontra à sua frente. É uma tarefa que não pretende menos do que isso: separar-se da sua raça, daquela raça que vai subindo, volta por volta, durante milênios, passando ainda pelas rondas de um globo a outro, aquilo que conhecemos como a cadeia em fatigante sucessão. Essa alma corajosa pretende subir a mesma montanha em apenas umas poucas vidas humanas; pretende, passo a passo, enfrentar a colina em seu mais íngreme ponto, o caminho que a conduzirá diretamente para cima, para o próprio Santo dos Santos – tarefa de tal grandeza que o cérebro, ao pretender enfrentá-la, poderá até vacilar.

Seria possível afirmar que a alma que se propõe a tanto começou a compreender sua própria divindade e a onipotência que está dentro dela própria como em um relicário. Empreender em poucas vidas o que a raça, como um todo, vai realizando, não só quanto às raças que estão à frente, mas quanto às rondas que também estão no futuro – fazer isso é, certamente, tarefa digna de um Deus, e a sua realização significa que o poder divino está se aperfeiçoando dentro de uma forma humana.

Assim, a alma bate à porta, que se abre para dar-lhe passagem, e ela entra no Pátio Externo. Atravessa-o, passo por passo, até alcançar a primeira das portas que levam ao Templo. Cada uma daqueles quatro portais é uma das grandes Iniciações. Alma alguma pode caminhar para além da primeira se não tiver abraçado o Eterno para sempre, se não tiver renunciado ao interesse pelas coisas meramente transitórias que a rodeiam. Porque uma vez que a alma, através da porta do Templo, tenha adentrado um dos Pátios Interiores que ficam para além desse portal e conduzem ao Santo dos Santos, nunca mais poderá sair dali. Aquela alma escolheu seu destino para todos os milênios vindouros, e está no lugar do qual ninguém sai, uma vez tendo nele ingressado.

A primeira grande Iniciação faz-se dentro do próprio Templo. A alma, cuja evolução estamos descrevendo, entretanto, ainda se encontra em preparação naquele Pátio Externo do Templo, a fim de que, em vidas futuras, tenha a possibilidade de galgar os sete degraus para o primeiro portal, e ali esperar permissão para atravessar o limiar do Templo propriamente dito. Qual será, então, seu trabalho no Pátio Externo? Dali por diante, como levará suas vidas, a fim de tornar-se digna de bater ao portal do Templo? Esse é o assunto que temos pela frente.

Ao descrever esse Pátio Externo, talvez eu diga muita coisa que possa parecer pouco atraente, até mesmo desagradável. É bastante difícil encontrar o caminho para o Pátio Externo; é bastante difícil praticar a religião e todas as virtudes que tornam a alma humana preparada para, ao menos, bater ao portal desse Pátio Externo ao redor do Templo. Ingressam nesse Pátio os que fizeram grande progresso no passado. Pode ser, e será, que para alguém que ainda não tenha compreendido de maneira definitiva a finalidade da vida, a vida que ali se leva se lhe afigure desagradável. Porque no Pátio Externo não há ninguém que não se tenha devotado em definitivo ao serviço, que não tenha renunciado a tudo e que nada peça em troca, senão o privilégio de servir. Não há ninguém que definitivamente não tenha reconhecido a natureza transitória das coisas terrenas, que tenha abraçado, da mesma forma, a tarefa que desejaram realizar, que tenha dado as costas para o florido caminho que circunda a montanha e está resolutamente determinado a subir em linha reta, não importando o custo e a tensão com a qual a vida se sucede rapidamente, dia após dia. Haverá muita luta, naquele Pátio Externo, porque muito precisará ser feito ali em curto espaço de tempo.

As divisões que fiz desta tarefa são arbitrárias. Não se trata de passos, por assim dizer, através do Pátio, porque todas elas devem ser alcançadas simultaneamente. Trata-se de um treinamento simultâneo, não dividido em estágios, como tive necessidade de dividir para clareza da explicação. Chamei a essas divisões de "Purificação", "O Controle do Pensamento", "A Formação do Caráter", "Alquimia Espiritual" e " No Limiar". Essas divisões não significam que cada uma deverá ser tomada separadamente, porque todas deverão ser realizadas ao mesmo tempo.

A alma, no Pátio Externo, está ocupada com todo esse trabalho, em todas as vidas que ali passam; essas tarefas devem, pelo menos parcialmente, ser aprendidas antes que a alma ouse atravessar o portal do próprio Templo. Precisamos compreender que não é a perfeita realização de qualquer desses passos o que a alma deve obter antes de alcançar a porta da primeira Iniciação; o que ela precisa é esforçar-se, com algum sucesso, devendo compreender seu trabalho e realizá-lo com diligência. Quando o trabalho estiver perfeitamente realizado, a alma estará no próprio Santo dos Santos.

A purificação, então, deve ser parte do seu trabalho, a autopurificação, a purificação da natureza inferior, até que cada parte dela vibre em perfeita harmonia com a superior. Tudo que pertence à parte temporária do indivíduo deve ser puro para aquilo que chamamos personalidade, que não tem em si a individualidade permanente, sendo apenas uma reunião de qualidades e características que o indivíduo assimila, ao longo de muitas vidas – todas são qualidades externas e atributos ao redor da alma.

Esses são os invólucros com que a alma se cobre e leva consigo vida após vida; é tudo quanto a individualidade permanente reúne quase sempre em torno de si durante a vida terrena, e disso extrai a essência, a fim de transfundi-la para seu próprio Eu, crescente e eterno.

A posição da alma, nesse momento, quando entrou deliberadamente no Pátio Externo e viu o trabalho que a espera, está muito bem simbolizada na frase usada pelo Sr. Sinnett, "submissão ao Eu Superior". Isso significa deliberada decisão de pôr à parte tudo o que é temporário e pertence à personalidade inferior. Cada vida a ser vivida nesse mundo inferior deve ser devotada ao propósito único de reunir material útil, que então pode ser entregue ao Superior, que vive e cresce com aquilo que o eu inferior reúne. O eu inferior compreende que seu único trabalho no mundo é servir de agente ativo e temporário, cujo papel é acumular tudo o que o Eu permanente necessita – determina que toda a sua vida deve ser dedicada a esse serviço, e que o propósito da vida é meramente coletar material a ser devolvido para o Superior, que é a sua própria essência, e que assim deve ser capaz de construir a crescente individualidade, que é superior à personalidade de uma vida. A "submissão ao Eu Superior" significa o reconhecimento, pelo eu inferior, do serviço que lhe cabe, o viver não mais para si mesmo, mas para o fim do serviço que deve suportar. Toda a vida no Pátio Externo tem de ser essa vida de positiva fidelidade ao Eu Superior, que agora é compreendido como o verdadeiro Eu, que deve permanecer através dos tempos.

Este trabalho que às vezes é encontrado nas grandes Escrituras do mundo, como sendo um passo preliminar para a busca bem-sucedida da alma, é o que imagino agora estar subjacente à alma. Os leitores talvez se recordem de terem lido, em um dos *Upanishads*[3], que se um ser humano quiser encontrar a alma, a primeira coisa a fazer é "abandonar o mau caminho", mas presumo que a alma tenha feito isso ainda antes de entrar no Pátio Externo, porque os que ali entram já não estão sujeitos às tentações mais comuns da vida terrena; já as supe-

---

[3] Livros sagrados hindus do século VI a.C., posteriores aos Vedas. (N. T.)

raram. Quando chegam à encarnação que os levará ao Pátio Externo, pelo menos terão se desviado do mau caminho e deixado de trilhá-lo prazerosamente. Se forem encontrados em tal caminho, é porque sofreram um súbito escorregão, imediatamente controlado, nasceram com uma consciência que se recusa a deixá-los errar, quando o bem está diante deles. Embora a consciência possa algumas vezes ter escolhido erradamente (porque ainda inexperiente), ela pode ter feito escolhas errôneas antes de entrar no Pátio Externo, e mesmo depois de ter entrado, ainda assim seria desejável que a escolha fosse correta.

O eu inferior não agiria deliberadamente contra a voz da consciência, pois qualquer um que se posiciona contrariamente a essa voz, ainda não se encontra pronto para entrar no Pátio Externo. Aquelas almas que ali entraram escolheram por fazer o certo, e foram forçadas a obedecer a essa voz que lhes ordena fazerem suas escolhas, e não a desobedecerem deliberamente; vieram a esse mundo para empreender esta grande escalada, e com uma vontade deliberada de agirem de acordo com o ponto mais elevado que veem à frente.

Agora terão de tratar, não com as grosseiras tentações do mundo exterior, mas com as sutis e mais penetrantes tentações que chegam à alma, quando ela tem de viver tão rapidamente através de suas vidas, quando tem de subir com tanta rapidez pelo flanco da montanha. Não têm tempo a desperdiçar desviando-se de tentações, formando as virtudes lentamente. Devem subir, para frente e para cima, sempre.

Essas almas ver-se-ão envolvidas por dificuldades intelectuais – tentações de ambição intelectual, de vaidade intelectual, tentações de se orgulhar pelo que assimilaram, e de agarrar-se firmemente, por amor de si própria, ao que obtiveram. Não só irão sentir o forte apelo da ambição que mantém tudo para si e constrói uma parede entre elas próprias e os que estão abaixo, mas também serão acometidas pelo desejo do conhecimento, conhecimento para si mesmas, conhecimento do que podem ganhar e manter, que dispõe mais contra o mundo do que a favor dele.

Essa tentação assume o disfarce de amor ao conhecimento em si mesmo e amor à verdade por ela própria. Muitas vezes a alma chega a descobrir, à medida que sua visão se torna mais aguda e clara, que essa suposta aspiração ao amor é apenas o desejo de estar separada de seus semelhantes, de possuir o que eles não podem compartilhar, de gozar o que não se lhes dá. A separatividade é um dos grandes perigos da alma em crescimento, o orgulho da separatividade e o desejo de estar separada – o desejo de crescer, aprender e obter um resultado, a fim de poder possuir. Essa é uma das tentações que irão acometê-la, mesmo depois de ela ter transposto o portal do Pátio Externo. A alma verá o conhecimento ao seu alcance e desejará agarrá-lo; verá o poder e desejará obtê-lo; desejará não apenas por uma questão de serviço, mas também, em parte, porque esse a torna maior; e ela está inclinada em construir sobre si mesma um muro que possa manter para si tudo aquilo que foi alcançado.

Em breve a alma começará a compreender que, se quiser transpor o Pátio Externo e alcançar o portal que está cintilando à frente, deve despojar-se da ambição e do orgulho intelectual, e de tudo que a separa de seus semelhantes. Então, começará a purificar sua natureza intelectual, a perscrutar os motivos que a impele ao esforço, a observar cuidadosamente a luz através das janelas do Templo que inunda o Pátio Externo com as ondas da sua vida espiritual. Sob essa luz, toda sombra parece mais escura, e mesmo as coisas que se apresentam brilhantes no mundo inferior são vistas como sendo, afinal, sombras, e não raios de luz.

A alma, então, compreende que essa natureza-desejo, que se mescla com a intelectual, deve ser purificada de qualquer contato com o eu pessoal. E ela começará, de maneira deliberada, o trabalho de purificação. Consciente e firmemente, dedicar-se-á ao trabalho de renunciar a tudo que procura obter e a tudo que tende a separá-la dos que estão abaixo, bem como dos que se acham acima. A alma aprende – e essa é uma das lições do Pátio Externo – que há uma única maneira para que os portais que a separam do Templo se abram: demolir as paredes que a separam dos seus semelhantes que estão abaixo.

Então, as paredes que separam a alma dos que estão à frente desaparecem, absorvidas, por assim dizer, pela sua ação, porque o portal a ser transposto só se abrirá quando a alma derrubar as paredes de sua própria natureza e estiver desejosa de partilhar com todos tudo aquilo que conseguir.

Assim, ela toma em suas mãos o eu inferior, para expurgá-lo de tudo quanto seja pessoal. Como deve se purificar? Não deseja destruir os poderes; pois aquilo que foi reunido é experiência, e essa foi incorporada à faculdade e transmutada em poder, e agora ela precisa de todos os poderes acumulados durante a subida, e não será necessário destruir tudo o que foi reunido. Deseja levar consigo esses poderes, mas levá-los purificados e não poluídos. Deve manter a essência de todas as qualidades, enquanto se afasta de tudo quanto seja pessoal. Como o eu inferior deve então purificá-los? Seria tão mais fácil destruí-los; necessitaria muito menos paciência para matar algumas dessas qualidades que o indivíduo possui; ele sente como se pudesse atacá-los e matá-los, e assim deles se livrar. Mas não será desta forma que ele entrará no Templo. Ele deve levar como seu sacrifício o que será oferecido no limiar do Templo, tudo o que foi reunido em seu passado e que ele transformou em poder e faculdade. Não deve entrar no Templo de mãos vazias, mas deve levar consigo tudo o que foi reunido pelo seu eu inferior. Deve realizar o duro trabalho da purificação.

Deve manter a essência de todas as qualidades, enquanto afasta de si tudo o que é pessoal. Todas as experiências reunidas em sua peregrinação são as lições sobre virtude e vício que ela reuniu em sua peregrinação. Ele deve levar consigo a essência de cada qualidade, porque isso é o resultado de toda a sua subida pela montanha, mas deve levá-la como ouro puro ao altar, e não como impureza mesclada ao ouro.

Tomemos uma ou duas dessas qualidades, a fim de vermos claramente o que significa a purificação, porque se a compreendermos em relação a uma ou duas qualidades, poderemos, então, trabalhá-la para as demais; e a lição sobre como a purificação deve ser trabalhada é muito importante.

Tomemos primeiro a força poderosa que se encontra em todo ser humano e que é desenvolvida nos estágios inferiores de seu crescimento. Ele a carrega enquanto evolui e agora é seu trabalho purificar.

Tomemos a qualidade situada num estágio mais inferior, e que conhecemos como cólera, ira, como aquele tremendo poder que o indivíduo desenvolve, com o qual ele luta em seu caminho através do mundo, com o qual combate, e pelo qual, muitas vezes, domina toda oposição: aquela tremenda energia da alma que irrompe da natureza inferior e destrói o caminho do ser humano através de dificuldades, em seu estágio inicial de crescimento, até que ele tenha aprendido a guiá-la e controlá-la. Essa energia é indisciplinada; e, por isso, é destrutiva; uma tremenda força, valiosa por ser força, embora destrutiva em suas ações, como vemos no mundo inferior.

O indivíduo, antes mesmo de penetrar no Pátio Externo, já modificou de alguma forma essa energia da alma. Transformou-a em virtude, uma virtude muito real, e por muito tempo manteve essa virtude no mundo externo. Até então ela aparecia com o nome de nobre indignação, de paixão contra a injustiça, de ódio contra tudo que é injusto ou cruel. Esse indivíduo prestou bons serviços no mundo exterior sob muitas formas de energia destrutiva, porque, antes ainda de chegar ao Pátio Externo, esteve trabalhando no mundo. Quando via a crueldade com que eram tratados os fracos, sua cólera se insurgia contra isso; quando uma injustiça era perpetrada por um tirano, levantava-se contra ela, indignado. Aprendera, enquanto praticava essa virtude, a depurá-la de toda impureza. A cólera que sentira no início da sua vida era raiva para si mesmo – irritava-se quando sofria uma injúria, reagia no mesmo tom quando alguém o atingia. Mas de há muito dominara a ira simplesmente bruta da sua natureza inferior, a ira que se defende de um erro através da energia destrutiva, e retribui o mal com o mal e o ódio com o ódio.

Antes de entrar no Pátio Externo, o indivíduo aprendeu, até certo ponto, a transformar em si aquela energia colérica, purificando-a muitíssimo em relação ao elemento pessoal, e aprendeu a indignar-se menos, quando ele próprio era injuriado, do que quando uma pessoa era injustiçada ou quando era submetida à dor; dessa forma, usará a cólera superior para dominar a inferior, a paixão mais nobre para aniquilar a paixão animal da sua vida inferior. Lembrem-se de que ele era um homem que de há muito reconhecera que o serviço era um dever, e que uma das formas de serviço era a de abater os opressores e afastar os que estivessem infligindo sofrimento. Desta forma, ele trabalhou para auxiliar os mais fracos, realizando no mundo um trabalho de herói.

Porém, na atmosfera mais calma do Pátio Externo, iluminada pelos raios da absoluta compaixão, que chegam cintilantes do Santo dos Santos, não há lugar para qualquer tipo de cólera, embora essa cólera seja depurada de antagonismo pessoal. O aspirante, àquela altura, deve aprender que os que se comportam de modo errôneo também são seus irmãos, e sofrem mais em suas ações injustas do que seus semelhantes pelo mal que eles lhes possam fazer. Ele deve aprender que aquela nobre indignação que sente, que aquela paixão contra a injustiça não é a característica da alma que se esforça em direção do Divino; pois a Vida Divina ama todos os filhos que envia a este mundo, seja qual for sua posição, seja qual for o grau. Pelo amor do Divino emanado nada fica fora de Si. A Vida Divina é o âmago de tudo o que existe, e Deus está presente tanto no coração do malfeitor como no coração do santo. No Pátio Externo, o Divino deve ser reconhecido, não importando quão espessos sejam os véus que o escondem, pois ali os olhos do Espírito devem se abrir e não deve haver véus entre Ele e o Eu dos outros seres. Portanto, essa nobre indignação tem de ser purificada até que seja expurgada de tudo quanto seja cólera, e transformada numa energia que nada marginaliza do seu âmbito auxiliador, amparando tanto o tirano como o escravo, e encerrando, no mesmo abraço, tanto o opressor como o oprimido. Porque os Salvadores da humanidade não fazem acepção entre os que a Eles devem servir – Seus Serviços não conhecem limitações. Os que são servidores de todos não odeiam ninguém no Universo. O que antes era cólera tornou-se, pela purificação, proteção aos fracos, oposição impessoal aos grandes males, justiça perfeita para todos.

E o que foi feito com a cólera deve ser feito com o amor. O amor começa a manifestar-se na alma sob seu aspecto mais pobre, sob seu aspecto inferior, quando ela começa a progredir. Talvez sob o aspecto que só conhece a procura para o exterior, e que, em sua autogratificação, nem mesmo se preocupa com o que acontece àquela que amou. Quando a alma se faz mais elevada, o amor transforma seu aspecto, faz-se mais nobre, menos egoísta, menos pessoal, até ligar-se aos elementos superiores do bem-amado, em vez de ligar-se ao invólucro externo. O amor, que era sensual, torna-se moralizado e purificado.

Esse amor deve fazer-se ainda mais puro quando o candidato entrar no Pátio Externo do Templo. O candidato deve levar consigo o amor que perdeu seu exclusivismo. É o amor que deve manter seu fogo sempre ardendo, mais aquecido, mas esse calor deve espalhar-se cada vez mais amplamente, e estar purificado de tudo quanto se refere à natureza inferior. Isso significa que o amor, dirigindo-se a outros, procurará constantemente saber quanto poderá dar aos outros, e não quanto poderá receber deles. Esse é o amor que se irá tornando gradualmente Divino em sua essência, espalhando-se na medida em que for necessário, mais do que na riqueza da retribuição.

Enquanto a alma se esforça por se purificar, tem de passar por provas que lhe serão aplicadas durante todo o processo que ela está vivendo e quando trabalha usando sua energia, a fim de realizar algum serviço, leva para esse serviço a espada de Ithuriel[4], a espada da ausência de personalismo e responde ao seu toque. Quando sua energia se dirige para realizar alguma coisa que a alma reconhece como boa, ao testar essa ação e seu motivo para empreendê-la, descobre que o "Eu" está sutilmen-

4 lthuriel: o anjo que, no *Paraíso perdido*, de Milton, era encarregado de procurar Satã, que entrara no Paraíso. O anjo estava armado de uma espada, cujo toque mais leve revelava o embusteiro. (N.T.)

te mesclado com essa energia e que está buscando menos o êxito do trabalho do que o sucesso de quem o faz; acontecendo-lhe que ao ver esse mesmo trabalho realizado por outro sente certo desapontamento mesclado ao cálice de sua satisfação ao ver realizado o trabalho que pretendia fosse seu, então sabe que o personalismo ainda está presente. Se ele fosse o que deveria ser, a alma só se preocuparia com o êxito do serviço, e não com o ter contribuído pessoalmente para esse êxito. Se perceber que quando há fracasso pessoal ainda sente a nota de desapontamento, algo que por um momento obscurece sua paz e sua serenidade, então a alma compreende que ainda há uma parte da personalidade que precisa ser eliminada. E põe-se ao trabalho de livrar-se daquela fraqueza, e de afastar aquela sombra dos olhos da alma.

Pode ser que ela descubra, ao medir e testar a natureza do seu amor, que ali existem certa frieza, um leve tom de desencanto, sempre que aqueles aos quais serviu com nobreza, e amou grandemente, permanecem indiferentes ao que ela lhes deu;

se encontrar que o fluxo externo do amor esteja inclinado a retrair-se, cessando seu curso, porque aqueles a quem ama não retribuem com amor. Então essa alma – tão severa consigo mesma e tão compassiva para com todas as outras almas – sabe que ainda está trabalhando por alguma coisa para si própria, e não encontra sua mais alta alegria na simples glória de servir. Então, dedica-se novamente ao trabalho para purificar aquela parte da personalidade que ainda permanece ali, até que o amor flua para o exterior, jamais desejando saber se há, ali, uma resposta. Porque a alma sabe que a necessidade de amor é mais premente onde não há resposta ao amor, e sabe que as almas mais necessitadas de receber amor são as que não retribuem, de modo nenhum, ao amor que as auxilia.

Dessa forma, a alma trabalha de maneira deliberada para evoluir. Deliberadamente, trabalha para si mesma, purificando sempre sua natureza inferior com incansável esforço e incessante exigência. Está sempre de olhos fitos naqueles que já atingiram a meta, sem olhar para baixo, para os que ainda estão apenas subindo para o Pátio Externo. Não pode repousar nem por um momento, não pode estar jamais satisfeita, enquanto não se vir chegando cada vez mais perto da sua meta, até que exista dentro de si menos oposição para dar passagem à luz que vem dos Santos Sagrados que se tornaram Divinos.

No Pátio Externo, as tentações humanas dirigem-se às suas virtudes, não aos seus vícios. Tentações sutis, que aparecem como anjos de luz, assaltam sua natureza, vêm através do que é elevado, daquilo que é mais nobre neles; são essas virtudes que aproveitando a falta de conhecimento transformam-se em tentações. Elas cresceram além do ponto em que o vício poderia tocá-las ou testá-las, e é somente através da máscara da virtude que a ilusão poderia desviá-los. Por isso é que essas almas aprendem a ser tão severas consigo mesmas, por isso é que são tão exigentes no que desejam de si próprias. Sabem muito bem – por suas próprias faltas e pelas dos seus semelhantes – que as virtudes, cuja perfeição é difícil de obter-se no mundo inferior, são facílimas para os que já se encontram no Pátio Externo. Elas são, por assim dizer, roubadas pelo inimigo, a fim de que aquelas almas recaiam em tentação. As almas aprendem, assim, que a única segurança consiste em viverem iluminadas pela luz do Eu Superior. Por essa razão, compreendem que não devem atrever-se a postar-se ante o Portal do Templo até que a Luz brilhe radiante dentro delas. Por isso, de forma contínua, elas se esforçam por tornarem-se inteiramente translúcidas.

Como ousariam expor-se à luz que ofusca os olhos impuros pela intensidade de seus raios, que torna cheio de imperfeições o que chamamos virtude, para qual a beleza terrena é fealdade e fraqueza? Como ousariam entrar no Templo sob o olhar vigilante do Mestre, com a alma nua, em Sua presença? Como se atreveriam a permanecer ali, se no coração ainda há mancha de imperfeição e, olhando dentro desse coração, Ele encontraria máculas que ofendem a pureza do seu olhar?

Destarte, acontece que, no Pátio Externo, as coisas que são dolorosas no mundo exterior se transformam em alegrias, e o sofrimento que purifica é o amigo bem-vindo. O modelo de todos os Iogues – aquele que dizem ser Ele próprio o Grande Iogue, o Mestre e Patrono de todos – está sempre em terreno ardente, e as chamas cercam sempre Sua presença, consumindo tudo o que tocam. Porque no coração daqueles que estão no Pátio Externo ainda há lugares ocultos aonde a luz não chegou, e a purificação final, pouco antes que eles entrem no Templo, vem das chamas vivas do próprio Senhor. Elas queimam tudo que se oculta no mais recôndito do coração daquele que vai ser um discípulo, que se entregou ao Senhor e nada busca ocultar. Naquele poderoso solo ardente, defronte à porta do Templo, jazem as chamas através das quais todos devem passar antes que esse Portal se lhes abra.

Além do fogo, e no seu bojo, a figura do Grande Iogue é vista, e é dele que as chamas se estendem, recebendo seu poder purificador da glória de Seus Pés. É Dele, do grande Guru, que vem a purificação final ao discípulo. Então, o discípulo entra pelo portal que o encerrará para sempre, separando-o de todos os interesses do mundo inferior, menos o de servir; que o separará de todos os desejos humanos, menos o de trabalhar pela redenção da humanidade. Nada permanece ali na Terra que consiga atraí-lo, porque ele viu a face do Senhor e, diante dela, todas as luzes se obscurecem.

Capítulo 2

O CONTROLE DO PENSAMENTO

No que se refere de modo especial à mente, o ponto de vista do indivíduo do mundo, ponderado, bem equilibrado e virtuoso será diferente do ponto de vista de um Ocultista. A diferença virá de acordo com a posição que o pensador assumir sobre o lugar que a mente ocupa em relação ao indivíduo em sua natureza em desenvolvimento. Consideremos um indivíduo bom e justo, nem descuidado nem frívolo, nem mundano, no sentido comum da palavra; sóbrio em seus julgamentos, equilibrado em seus pensamentos. Como veria ele essa questão do autocontrole mental?

Um indivíduo que tenha colocado deliberadamente diante de si um ideal de virtude e uma visão do dever que se esforça por cumprir, compreenderá aquilo que chamamos natureza inferior, e que representa uma coisa a ser dominada. Quanto a isso não haverá dúvidas. Nosso indivíduo virtuoso dirá que certamente se devem dominar e restringir as paixões e apetites do corpo, as emoções inferiores que impelem as pessoas impetuosas, todo aquele lado da natureza do indivíduo que é manipulado por agentes exteriores, de forma a levá-lo a agir impensadamente. Dar-lhe-á o nome de natureza inferior, e procurará fazê-la obediente à natureza superior. O que entendemos em linguagem comum por pessoa controlada, ou antes, autocontrolada, é o indivíduo que exerce esse domínio mental sobre a natureza inferior, de forma que a mente controle seus desejos.

Mais do que isso: se o olharmos com mais atenção, veremos que possui uma vontade forte – vontade que trabalha ao longo de certas linhas definidas de conduta, e que mesmo sob circunstâncias muito difíceis, ainda pode guiar a natureza, da qual faz parte, por uma direção clara e definida.

Descobriremos tratar-se de pessoa cuja mente se acha muito desenvolvida, de forma que, quando se decide a agir e definir uma ação a empreender, ela não se deixa determinar pelas várias atrações que possam influenciá-la do exterior, nem pela resposta da natureza animal a essas atrações. Perceberemos que essa pessoa está sendo induzida por uma gama de experiências gravadas naquilo que se chama memória, recordações de eventos passados, comparação de resultados provenientes desses fatos. A mente trabalhou sobre todos eles, arranjou-os, por assim dizer, comparou uns com os outros, extraindo deles um resultado definido através de esforço intelectual e lógico.

Esse resultado permanece na mente como regra de conduta, regra instalada em momento de calma, quando a natureza de desejo não está trabalhando ativamente, quando não está rodeada de tentações. Quando o indivíduo sob circunstâncias que dominariam uma vontade fraca, e talvez extraviassem uma pessoa comum, fosse mais forte, tendo uma mente mais desenvolvida, e orientando a sua conduta pela regra assim determinada. Ele não admite ser afastado do seu caminho pelas atrações ou pelos impulsos do momento.

Tratando com pessoa assim, com frequência podemos prever o que ela irá fazer. Conhecemos os princípios sobre os quais sua conduta se baseia, conhecemos as linhas de pensamento que dominam sua mente, e nos sentimos bastante seguros – observando seu caráter, que é definido e solidamente formado – de que, não importam quais forem as tentações exteriores, aquele indivíduo irá cumprir, em momentos de luta, o ideal que concebeu em momentos de calma e reflexão.

É isso o que geralmente queremos dizer quando falamos de um indivíduo autocontrolado. Trata-se de um indivíduo que alcançou esse estágio de desenvolvimento que, observaremos, não é de forma alguma um estágio inferior, no qual ele se pôs deliberadamente a trabalhar a fim de dominar, refrear e dirigir essa natureza inferior. Quando ela for mais estimulada à ação por agentes exteriores, a alma terá condições de sustentar-se contra a tentação que pretende assolá-la. Esse indivíduo agirá de maneira nobre, sejam quais forem as tentações.

Até agora tratamos do que pode ser chamado de um indivíduo virtuoso, com um elevado caráter, de bom senso, um pensamento claro, e que não é de modo algum conduzido aqui e ali por circunstâncias, nem por impulsos, como é frequente na natureza não regulada ou mal regulada. Há, porém, outro estágio ao qual esse indivíduo pode chegar, porque pode vir a ter contato com um grande filósofo da vida que lhe explique algo mais sobre os trabalhos da mente. Pode ter contato, por exemplo, com os grandes ensinamentos teosóficos, contidos em livros antigos ou modernos, oriundos da Índia, do Egito, da Grécia, ou da moderna Europa. Nessa filosofia talvez ele adquira uma nova visão do Universo, e isso pode modificar deveras sua própria posição.

Suponhamos que tal indivíduo ingresse na Sociedade Teosófica e aceite seus principais ensinamentos, começará, então, a compreender, muito antes de estudar as coisas sob o ponto de vista teosófico, a enorme influência que têm os seus pensamentos. Começará a compreender que quando sua mente está funcionando, ela exerce aquele poder criativo que, provavelmente, é tão familiar para a maioria de vocês; que a mente está criando, de fato, existências ou entidades definidas, que nessa criativa ação da mente, ela está enviando constantemente ao mundo circundante entidades ativas, que trabalham para o bem ou para o mal, que muitas vezes agem sobre a mente e a vida de pessoas com as quais o criador de tais entidades não tem contato pessoal. Começará por compreender que, para impressionar as mentes alheias, não é necessário de forma alguma exprimir seu pensamento pela palavra oral ou escrita. Tampouco é necessário que seu pensamento se traduza em ações, para que seu exemplo possa tornar-se forte para o bem ou para o mal. Compreende que pode ser uma pessoa completamente obscura no sentido em que o mundo considera a obscuridade, que pode estar bem longe dos olhos do público; que pode ter influência apenas no pequeno círculo de seus amigos e parentes que estão em contato pessoal com ela. Verá, contudo, que tem um poder que transcende tanto a força do exemplo como a força da palavra ou da linguagem. A sós, isolada de todos, no que se refere ao mundo físico, pode estar purificando ou maculando o progresso do mundo, elevando um pouco as mentes de sua geração, contribuindo, ajudando, ou prejudicando a evolução do mundo, erguendo sua raça um pouco para o plano superior, ou deprimindo-a. Essas energias sutis do pensamento agem tanto mais fortemente pelo fato de serem invisíveis, e exercem influência mais ampla exatamente por serem tão sutis e não reconhecíveis pelas massas sobre as quais provocam efeito.

À proporção que esse indivíduo cresce em conhecimento, seu pensamento assumirá novo aspecto, e ele compreenderá quão poderosa é a responsabilidade do pensamento, isto é, quão grande é a responsabilidade que está sobre os seus próprios ombros, simplesmente exercitando as faculdades da mente. Compreenderá que sua responsabilidade se estende para muito mais longe do que lhe é possível ver. Muitas vezes é responsável, de forma bastante real, pelos crimes que ocorrem na sociedade em que vive, bem como pelos atos de heroísmo. Captará a verdade daquele grande princípio que diz que nem sempre o autor de uma ação é o exclusivo responsável por ela e pelos seus efeitos. Toda ação que chega a se manifestar é uma verdadeira encarnação de ideias. Todos os que tomam parte na geração de ideias tomam parte na responsabilidade pelas ações delas decorrentes.

Compreendendo isso e adotando o ponto de vista mais amplo, ele começará a entender que deve controlar seus pensamentos, escolher o tipo de pensamento que sua mente engendra. Isso extrapola em muito o ponto de vista assumido pelo indivíduo do mundo.

Ele também descobre, ao estudar um pouco mais, que o tipo de pensamento que atrai para si mesmo, vindo do mundo exterior, será grandemente determinado pela natureza dos pensamentos gerados por ele próprio. Sente que não é apenas um ímã que emite ondas de pensamento sobre seu campo magnético, mas também atrai para si próprio as substâncias que respondem à força magnética que envia. Esteja sua mente repleta de bons ou maus pensamentos, isso dependerá amplamente das linhas através das quais sua própria força mental é exercida. Começará a entender que, gerando um bom pensamento, não só está cumprindo um dever supremo para com seus semelhantes, mas que – tal como sempre acontece quando um homem está em harmonia com a Lei Divina – ele próprio está lucrando com aquilo que dá. Sua própria mente será auxiliada e fortalecida por esses pensamentos que dela fluem para fora, atraídos, por assim dizer, pela afinidade magnética. Reconhece, também, com dor e vergonha, que ao enviar para o mundo um mau pensamento deixou que se formasse em sua mente um centro similar, que atrairá os pensamentos mais baixos da atmosfera, e assim aumentará sua tendência para o mal.

Quando chegar a compreender essa fraternidade mental que liga todos os homens, sua atitude em relação à mente se modificará. Sentirá essa responsabilidade de enviar para o exterior e dele receber. Compreenderá esses vínculos que confluem para ele de todas as direções. Em sua vida cotidiana, começará a tratar mais com o pensamento do que com a ação, compreendendo que na região do invisível são geradas todas as forças que descem para a vida psíquica e física.

Há, porém, um passo à frente quando ele entra no Pátio Externo. Agora, ele é um candidato a entrar no caminho mais íngreme e mais curto que leva para cima; agora, ele entrou no estágio probatório daquele próprio caminho. Então, algo mais virá ter com ele além desse reconhecimento pertencente ao indivíduo que principia a entender alguma coisa sobre a natureza da vida que o rodeia. É esse novo conhecimento que o leva ao portal e que a abre parcialmente para ele.

Assim como um indivíduo, no decorrer do seu desenvolvimento, reconhece a superioridade da mente sobre os desejos – pois é o reconhecimento desse fato que o leva ao limiar, e o portal se abre para ele, assim também compreende que aquela mente, na aparência tão grande, que parecia tão poderosa, que ainda há pouco tempo dava-lhe a impressão de ter o governo do mundo, que aquela mente – da qual foi dito por um pensador, que "não há nada maior no Universo do que o ser humano e nada maior do que o ser humano, a não ser a mente" – estava sendo vista de um ponto baixo, com olhos vendados. Quando essa visão começa a clarear, vê-se que existe algo maior no Universo, algo maior do que a mente, algo mais sublime, mais vasto, algo que fulgura apenas por um momento, e então torna a ficar velado.

O indivíduo captou um relance do Sol. Para ele, um raio de luz desceu para a sua mente, vindo de algo que está acima, e ainda assim pareceu-lhe sentir, obscuramente, com um estranho senso, que se trata da própria mente que é idêntica a ele. De início haverá confusão, um tatear nas trevas, entre aquilo que parece ser ele próprio, que ele mesmo pensara tratar-se da mente, embora dando a impressão de ser tão maior do que ela. Inicialmente, ele não sabe de onde vem aquele clarão, nem se a esperança que esse clarão fez nele nascer é um sonho e nada mais.

Antes, porém, que possa abordar os fatos com bastante clareza, deve tentar ver o que entende pelas palavras "Mente" e "Alma", e o que quer dizer quando fala de "Consciência", porque essas palavras não devem ser compreendidas como fichas com as quais se joga, mas como moedas verdadeiras que representam algo da riqueza que temos, algo de ideias. Eu defino a alma como aquilo que individualiza o Espírito Universal, que focaliza a Luz Universal em um ponto isolado, que é, por assim dizer, um receptáculo no qual o Espírito é derramado. Aquilo que em si é universal, posto naquele receptáculo, aparece como separado, sempre idêntico em sua essência, mas separado agora em sua manifestação. A finalidade dessa separação é fazer com que um indivíduo se desenvolva e cresça; que a alma tenha uma potente vida individualizada, em todos os planos do Universo; que possa ter conhecimento tanto no plano físico como no psíquico, tal como tem no plano espiritual, e que sua consciência não sofra ruptura de qualquer espécie; que possa obter para si própria os veículos de que necessita, a fim de adquirir consciência além do seu próprio plano. A alma então pode purificar gradualmente esses veículos, um por um, até que eles não mais atuem cegamente, ou como empecilhos, mas como intermediários puros e translúcidos, através dos quais todo o conhecimento pode vir, em todos os planos.

Utilizando, entretanto, a palavra ou a imagem "receptáculo", talvez eu os tenha induzido em erro. Temos aqui a dificuldade habitual quanto a todas as expressões apropriadas para o pensamento intelectual: a de que uma imagem é aplicável em certo ponto, e já em outro faz-se enganadora. Porque esse processo de individualização não é, de forma alguma, fabricação de um receptáculo e o derramar dentro dele algo que toma contorno definido, de acordo com o feitio do vaso que o recebeu. O que acontece aproxima-se mais da maneira como se forma qualquer grande Sistema Solar, por exemplo.

Se fizerem sua imaginação regredir no tempo, poderão imaginar um espaço no qual nada é visível.

Poderão, então, imaginar que aquele espaço – onde parece haver o vácuo, mas onde, em realidade, há plenitude, apenas plenitude invisível aos olhos – tem uma névoa tênue, tão delicada que quase não se pode chamar assim. Então, enquanto observamos, a névoa faz-se cada vez mais densa com o decorrer do tempo, agregando-se cada vez mais, e tornando-se mais destacada no espaço que a rodeia. Aquilo que parecia ser a mais esmaecida das sombras começa a tomar feitio, fazendo-se cada vez mais definido à proporção que o processo continua. Se estivéssemos observando essa construção dos mundos, veríamos a névoa tornando-se cada vez mais densa, separando-se definitivamente no espaço, até que um sistema viria a ser formado, com um sol central e planetas em volta. Assim, parece, é a chegada do Espirito à individualização. É como que a vaga aparência de uma sombra no vácuo universal, sendo esse vácuo, entretanto, o mais repleto entre toda a plenitude. Essa sombra faz-se névoa, e então vai tomando forma sempre mais clara, fazendo-se cada vez mais definida, enquanto a evolução continua, até que haja um indivíduo, a alma. Tal é o processo esquematizado dessa formação da consciência individual.

De início, aquela alma não é algo completo, mergulhando, como um escafandrista, no oceano da matéria. Ela vai sendo lentamente construída, ou densificada, se ainda posso usar tal imagem, até que do Universal venha a tornar-se o individual, sempre crescendo, conforme a evolução continua. A alma permanece, como sabemos, de vida para vida, através de infindáveis anos, através de infindáveis séculos. É o indivíduo em crescimento, e sua consciência é a consciência de tudo o que ficou para trás no processo do seu crescimento. Seu passado historiado está sempre presente na sua consciência que cresceu largamente durante a jornada que ela fez ao longo do caminho percorrido.

A cada novo nascimento e a cada experiência nova que deve ser acumulada, essa alma projeta uma parte de si mesma nos próprios novos invólucros, para reunir nova experiência. Essa parte flutua exteriormente, nos planos inferiores, para que ali possa aumentar o conhecimento através do qual a alma crescerá ainda mais, tornando-se maior.

Essa parte é a Mente no ser humano – a parte da alma que está trabalhando no cérebro, confinada no cérebro, penosamente agrilhoada a ele sob o peso da carne, literalmente falando. Sua consciência faz-se mais enevoada, porque não pode transpor aquele véu de matéria mais espessa. Toda a grandeza que conhecemos como Mente é apenas a parte lutadora da alma, que trabalha naquele cérebro com o propósito de obter o crescimento dela. Trabalhando, ela mostra os poderes da alma porque é a própria alma, embora envolvida nessa limitação da matéria. Aquilo que a alma pode manifestar através do cérebro é a mente da pessoa que conhecemos. Às vezes manifestará muito, às vezes pouco, segundo o estágio de evolução alcançado. O indivíduo que está no Pátio Externo compreende que aquela alma é ele próprio, sendo a mente uma manifestação passageira. Tal como o corpo e a natureza de desejo devem estar sujeitos à mente, que é a parte aprisionada da alma, também a própria alma deve estar sujeita à grande alma, da qual ela é apenas a representante projetada no momento. Ela não passa de um instrumento, de um órgão da alma, manifestado no interesse do trabalho que realiza.

Então, ao perceber isso, qual será a posição de nosso candidato? A mente aprende. Quando essa mente entra em contato com o mundo exterior, ela reúne fatos, arranja-os, faz a tabulação deles, julga-os, e leva a cabo todo o resto do seu processamento intelectual. O resultado dessa atividade passa para cima – ou antes, para dentro durante essa expansão da alma na própria alma. É isso que a alma leva consigo para o *Devachan*, e ali trabalha sobre o que levou, para transformá-lo em sabedoria. Porque a sabedoria é muito diferente do aprendizado. O aprendizado é toda aquela gama de fatos e de julgamentos desses fatos, com as conclusões daí extraídas; a sabedoria é a essência haurida do todo, daquilo que a Alma reuniu em todas as suas experiências, e é esse o seu trabalho no *Devachan,* transformar essas experiências em sabedoria.

Então, o candidato começa a compreender por que se diz que desde o princípio ele deve distinguir entre o "Eu" que suporta e essa mente que é apenas manifestação passageira do "Eu". A mente é a manifestação da alma no mundo da matéria.

Tendo assim encontrado seu caminho para o Pátio Externo, o discípulo envia ao Mestre seu primeiro apelo por ensinamento: "Ó Mestre, que devo fazer para alcançar sabedoria? Ó Sábio, que fazer para atingir a perfeição?" Palavras que, no início, parecem estranhas, vêm dos lábios do Sábio: "Procura as Sendas. Mas, ó *Lanoo*, sê puro de coração antes que comeces a tua jornada. Antes de dar o primeiro passo, aprende a separar o real do falso, o fugaz do permanente." [5]

Então, o Mestre continua, explicando a diferença entre o aprendizado e a sabedoria – o que é a ignorância, o que é o conhecimento e o que é a sabedoria que sucede a ambos. A distinção é apresentada à mente – a mente que é "como um espelho: junta pó enquanto reflete"; a mente que precisa da "brisa da sabedoria da alma para varrer a poeira das nossas ilusões". O candidato reflete sobre essas palavras.

---

[5] *A Voz do Silêncio,* H. P. Blavatsky, Brasília: Ed. Teosófica, 2017. (N.E.)

Qual é a diferença entre o real e o transitório, e por que isso está relacionado com a manifestação da mente? Que diferença é essa entre o espelho que reflete e a alma que precisa espanar o espelho se quiser livrar-se da ilusão? Qual é a parte que deve ser tomada por essa mente, que parece uma função tão poderosa que chega a representar o próprio indivíduo no mundo inferior? Qual é a sua função, afinal, se o primeiro passo para o caminho é distinguir entre o ilusório e o real, e a mente, de certa maneira sutil, está relacionada com a produção da ilusão?

Há outras palavras que ele também recorda terem vindo dos lábios desses Mestres da Sabedoria. Lembra-se do *rajá* dos sentidos, governante e rei da natureza inferior, que não é amigo do discípulo. Lembra-se de que lhe ordenaram procurar o *rajá* dos sentidos para que pudesse compreendê-lo, porque ele é o "produtor de pensamentos, o que desperta ilusão". E dizem ao discípulo: "A Mente é a grande assassina do Real. Que o discípulo mate a assassina."[6]

[6] *Idem* nota 5. (N.E.)

Aqui, então, parece que estamos na pista de algum pensamento que iluminará o candidato. Que o *rajá*, ou rei dos sentidos, é o produtor dos pensamentos e aquele que produz pensamentos é quem desperta a ilusão, é quem aniquila a Realidade. Porque no mundo espiritual há Realidade. À proporção que o processo de diferenciação caminha, a ilusão é produzida, e é essa mente, essa mente em crescimento, que produz a ilusão. Essa mente é que tem incomensuráveis imagens e desenhos, que tem a faculdade de elaborar imagens referidas como imaginação, e a faculdade de raciocínio que ergue castelos sobre a fantasia que criou – isso é o que realmente cria a ilusão, é o que destrói a Realidade, no que se refere ao discípulo, e o primeiro trabalho deste é matar a assassina. A menos que ele consiga libertar-se desse ilusório poder da mente, jamais poderá penetrar no Pátio Externo.

Então, ouvindo ainda o Mestre, ele escuta também uma voz que lhe ordena mesclar sua mente e sua alma.[7] Seu trabalho consistirá em proceder a

[7] *Idem* nota 5. (N.E.)

alguma transformação nessa mente inferior, transformação esta que a ponha em condições de mesclar-se à superior, alguma destruição do seu poder ilusório que a capacite a conhecer o ente superior que a engendrou, para que Pai e Filho se identifiquem em um só.

Então, o discípulo ouve um ensinamento que, em linguagem mística, diz-lhe que deve destruir o corpo lunar, que deve limpar o corpo da mente.[8] Esforçando-se por acompanhar o que significa aquilo, aprende, através da alegoria e do símbolo, que o chamado corpo lunar pertence ao *kāma* ou desejo, conhecido como o homem astral. "Purifica teu corpo mental" – diz-lhe o Mestre, porque só limpando-o da poeira da ilusão será possível a esse corpo entrar novamente em si mesmo para mesclar-se com a sua alma.

A essa altura ele começa a compreender o trabalho que tem diante de si no Pátio Externo, no que se refere à sua mente. Ele começa a compreender que a alma tem escalado através de séculos, que ela

[8] *Idem* nota 5. (N.E.)

tem colocado sua força para criar um instrumento para uso próprio, um servo a ser controlado; que ao invés da mente ser a senhora, deve ser uma escrava obediente, serva de quem a enviou ou um instrumento na mão daquele que a detém. A natureza da sua tarefa desdobra-se diante dele, e o discípulo começa a treinar a mente.

De início terá de começar com assuntos muito simples. Descobrirá que aquela mente está sempre passando de uma coisa para outra, que é difícil de controlar, difícil de ser dominada, tal como Arjuna, da *Bhagavad-Gitā*, descobriu há cinco mil anos. Começará por treiná-la como se treina um cavalo que está sendo domado, a fim de que possa cavalgar definitivamente pela estrada escolhida, sem pular cercas e valas, sem correr pelo campo em todas as direções, para que caminhe pela estrada que o cavaleiro deseja percorrer. Esse nosso candidato deve realizar tudo isso em sua vida no mundo, enquanto trabalha, e, assim, aos poucos, treina a mente para pensar de modo consecutivo e definido. Não permitirá que o desviem do caminho as múltiplas tentações que o rodeiam nesta era supercifial. Recusar-se-á a dispersar pensamentos, insistirá em seguir o caminho estabelecido. Recusará receber de maneira fragmentária todo o seu conhecimento, como se não tivesse capacidade para seguir um argumento prolongado. Irá ler por opção, e por um motivo premeditado – porque é aqui que o espírito do candidato será treinado –, sustentando argumentos, longas linhas de argumentos que treinam a mente para caminhar numa direção definida durante um período considerável. Não permitirá que ela salte de uma coisa para outra, rapidamente, intensificando, assim, a agitação, que é um obstáculo em seu caminho, a ponto de bloqueá-lo inteiramente, enquanto não for dominado.

Assim, dia a dia, mês a mês, ano a ano, ele se ocupará de sua mente, treinando-a nesse hábito de pensamento consecutivo, e aprenderá a escolher aquilo em que quer pensar. Já não mais permitirá que os pensamentos venham e vão e não mais permitirá ser tiranizado e subjugado por eles. Será o senhor em sua própria casa.

Poderá ter transtornos em sua vida cotidiana, mas isso não importa, porque esses transtornos ajudarão o treinamento da sua mente. Quando a pressão deles for muito forte, quando se sentir inclinado a lançar os olhos para o porvir, preocupando-se com os futuros transtornos, dirá: "Não, essa ansiedade não permanecerá em minha mente. Nada ficará ali se não for por escolha minha e por meu convite." Há pessoas que passam a noite acordadas, cheias de pensamentos ansiosos, quase se matando, não pelos transtornos em si, mas pelas preocupações que esses transtornos causam à mente. Toda essa espécie de coisa deve ter um fim por iniciativa do candidato.

Esse será um treinamento definitivo, longo e difícil, porque os pensamentos surgem, e ele tem de expulsá-los. Muitas e muitas vezes ele terá de repetir isso. Não há outra maneira senão voltar-se para tais pensamentos todas as vezes que eles surgirem, e, deliberadamente, recusar-lhes abrigo.

Você irá dizer: como? Provavelmente no início será mais fácil, apenas ocupando a mente com algo a pensar; mais tarde, simplesmente recusando-se a admitir os pensamentos. Porém, enquanto o candidato não se fortificar bastante para fechar, para trancar as portas da sua mente, permanecendo ali impassível, não poderá substituir um pensamento por outro, sempre por algum pensamento elevado que trate como permanente, em lugar daquele do qual quer se livrar, e que se trata do transitório. Isso servirá ao duplo propósito de livrar-se do pensamento transitório e habituar-se a repousar no eterno, atingindo aquele senso de proporção, aquele senso de que o presente está passando, portanto não vale a pena perturbar-se a propósito dele. Ao lado do permanente, ele fortalecerá esse apoiar-se da mente no eterno, que é o segredo de toda a paz neste mundo e em qualquer outro.

Treinando sua mente dessa maneira, e obtendo, aos poucos, poder sobre ela, o aspirante pode fazê-la pensar nas coisas que escolher, e evitar os pensamentos indesejáveis. Dará um passo avante, mais difícil do que qualquer outro. Irá retirar-se da própria mente e pensar sem ela – não por tornar-se inconsciente, mas porque está buscando uma consciência mais profunda; não porque a vida, nele, seja monótona ou se está fazendo letárgica, mas porque tornou-se tão vívida que o cérebro já não pode contê-la.

Com esse crescimento da vida interior, com o aumento da energia vital que flui da alma, ele descobrirá, lentamente, que é possível alcançar um estágio em que o "pensamento" já não será pensamento da mente, mas a consciência da alma. Bem antes disso, descobrirá essa consciência e irá compreendê-la intacta, por assim dizer, e passará pelos estágios de claridade, vacuidade e vazio – um dos estágios mais penosos, talvez, na vida do nosso candidato ao Pátio Externo.

Então, ele começará a compreender, vagamente, a significação subjacente às palavras do Mestre: "Domina o teu eu inferior com o teu Ser Divino. Domina o Divino com o Eterno".[9] O Eu Divino é essa alma que deve dominar a mente inferior. Não obstante, para além da alma, está o Eterno, e, em

---

[9] *Idem* nota 5. (N.E.)

algum ponto do futuro que está dentro do Templo, esse Eterno vai dominar o Divino nele, como o Divino domina seu eu inferior.

Aos poucos, lentamente, ele aprende que deve ser o senhor de tudo que está em torno, e com o que a mente está relacionada de toda maneira. Chegará a um dos estágios, nesse Pátio Externo, onde as tentações sutis afluirão em redor, tentações que não tocam na natureza inferior, mas ousam levantar-se contra a superior, e se esforçam por usar a mente do aspirante para destruí-lo, tendo falhado no uso da natureza-de-desejo, ou nas mais grosseiras tentações do corpo. Então, sobrevêm aquelas tentações sutis que lançam o homem interior em uma armadilha, quando ele está subindo ao longo do difícil caminho; tentações do pensamento mundano aglomerando-se em redor dele, por todos os lados.

Ele deve, então, ter obtido elevado controle sobre as imagens mentais que ele próprio criou quando ainda não era capaz de manter-se inabalável, sereno, tranquilo, entre todas aquelas hostes de pensamentos galopantes. Agora, tais pensamentos vêm ter com ele, vitalizados e reforçados, não mais pela mente fraca do indivíduo do mundo inferior, mas com o tremendo impulso que tem algo da natureza das forças do plano espiritual. Eles vêm do lado escuro, não do lado branco, vêm daqueles que de bom grado matariam a alma, e não daqueles que desejariam ajudá-la. No Pátio Externo, ele encontra-se face a face com esses pensamentos, e eles atiram-se sobre ele com a energia nascida das poderosas forças do mal. Se ele não treinou a si mesmo para ser o senhor dentro dos limites da mente, contra os mesquinhos ataques que lhe vêm ao encontro, oriundos do mundo exterior, como poderá manter-se contra as hostes de Māra, o Maligno? Como pode atravessar aquele quarto estágio no Pátio Externo, em torno do qual esses inimigos da alma estão se agrupando, estágio que recusa dar passagem a todo aquele que não esteja absolutamente em paz?

Então, surge aquela força que nasce da fixidez da mente, que agora se fez tão forte que se pode fixar no que quiser e ali manter-se inabalável, seja qual for o turbilhão que possa existir em torno. Essa fixidez é tão grande, tão firme, que nada do que seja externo pode agitá-la, tão forte que já não precisa esforçar-se, porque ultrapassou o estágio onde tal esforço é necessário. Quanto mais forte a alma, menor é o esforço em seu trabalho, mais dominante o seu poder, e menos sente os assaltos provenientes do exterior.

Isso ocorre quando aquele estágio da mente é alcançado, quando, ao invés de serem mortos, os pensamentos fenecem por si mesmos, quando alcançam o sacrário. A mente já não precisa matar, já não precisa ser morta. Fez-se limpa, obediente, pura. Esse é o resultado do início da fusão da mente e da alma. Não há mais necessidade de lutar, porque tudo quanto exigia luta cai morto pelo recuo surgido do seu próprio golpe. Essa fixidez da mente é descrita como lâmpada colocada em local firme, onde vento algum pode bruxulear a sua chama. Ela está em um lugar de repouso, onde a vontade começa a ser compreendida, onde reina paz absoluta, lugar que fica à sombra das paredes do Templo.

Lê-se, em antiga Escritura, que quando um homem se liberta do desejo, quando se liberta da mágoa, é, então, na tranquilidade dos sentidos que ele contempla a majestade da alma.[10] Na verdade, ele vê, pela primeira vez, não mais através de relances furtivos, pelo raio que vai e vem, mas nessa paz absoluta onde não há desejo nem inquietação pela mágoa. Ali, a majestade da alma brilha por inteiro, e a mente a reflete tal como ela realmente é. Porque essa mente, que antes era um espelho coberto de pó, um lago encapelado pelos ventos que sopravam de todos os lados, tornou-se um espelho polido que tudo reflete com perfeição. Tornou-se um lago que reproduz o que o céu e as montanhas lhe mostram, restituindo as árvores às árvores, as estrelas às estrelas, conferindo aos céus uma imagem perfeita das mutações de cores.

Antes disso, todavia, há um momento de perigo, a que a voz da advertência se referiu. Há um momento em que o ponto está quase alcançado, quando a chama da lâmpada já não bruxuleia, quando

---

[10] *Kathopanishad,* ii., 20. (N.T.)

a mente e a alma reúnem-se por um momento, no último embate. Então, a mente torna-se um elefante enraivecido na selva. Como eles serão domados! É a última luta da mente. É o esforço final do inferior para sobrepujar o superior, sentindo os grilhões que estão sobre ele – esse levante da natureza inferior da qual todos os livros de iniciação falam. Está escrito em todo livro que fala da Sabedoria Oculta que, quando o candidato se aproxima do portal, um pouco antes de passar para o templo, todos os poderes da Natureza se erguem contra ele, a fim de arrastá-lo para baixo; todo o poder que está no mundo insurge-se contra ele. É a última luta a ser passada antes que a conquista esteja completa. Nos planos superiores ainda há uma luta da qual esta é o reflexo; em planos tão elevados que nem mesmo podemos fazer ideia a seu respeito, e rumo ao qual o maior entre os grandes encontrou seu caminho. Isso está simbolizado na última luta de Buda sob a árvore sagrada, onde lhe sobreveio a última iluminação que o tornou Buda. Todas as hostes reuniram-se à sua volta para essa última luta, a fim de ver se sua passagem podia ser bloqueada. Embora sobre planos infinitamente inferiores ocorra essa luta crucial na vida do discípulo que agora se aproxima do Templo.

Como ele vencerá essa luta? Como ele irá, nesse caminho probatório, pisar as pegadas dos precursores?

Das palavras do Mestre vem o auxílio dos Seus lábios, a sugestão que nos guiará: "É preciso"– ouvimos no silêncio – "encaminhar essa luta para a Alma Diamante." [11]

O que é a Alma Diamante? É a alma que está acima de todas as outras, a que realizou sua união com o verdadeiro Eu, sem mácula ou falha em qualquer parte, translúcida – como o diamante é translúcido – à Luz do *Logos* que ela focaliza para os seres humanos, através da qual a própria luz do *Logos* fulgura sobre eles, tão puro é o diamante. É a alma que procuramos ver nos momentos da nossa mais elevada aspiração.

Para subirmos em direção a ela, precisamos ter apenas um vislumbre da sua beleza, um toque do

---

[11] *Idem* nota 5. (N.E.)

seu fogo. Porque a alma cresce para cima, como a flor cresce voltada para a luz, e as forças que a atraem para o alto são as forças radiantes, nascidas dos fulgores oriundos da Alma Diamante, que se derramam sobre o que ela própria é, embora tão fraca e hesitante, e que a levam a subir com vigor divino, a fim de que se una consigo mesma.

Quando o discípulo começa a entender, cresce nele a ideia do que significa o que se chama Alma Diamante, e compreende que nele próprio também aquela Alma Diamante deve ser reencarnada – "Olha para o interior! Tu és Buda!" – que aquela mente, como seu corpo, não é senão um instrumento para esse serviço.

É quando, pela devoção, essas cordas da mente são afinadas, altamente submetidas à alma. A alma as torna afinadas pelo poder da devoção, e por isso sua mente faz-se um instrumento musical, preparado para o toque do Mestre; e daí todas as melodias do céu e da terra podem soar. Por fim, o discípulo coloca-se diante do portal, e compreende que ele próprio encontrou a si mesmo. A alma, que é Ele

Próprio, está voltada para cima, para o UM ainda maior, com o qual ela irá mesclar-se. Essa união vindoura tem lugar apenas no interior do Templo. Colocando-se diante do portal, ele apenas uniu o Ele Próprio eterno ao seu eu perecível – Ele Próprio, Alma, ao ele próprio que é a sua mente.

Então, começa a veneração que significa a identificação com o mais alto. O candidato aprende que em sua vida cotidiana a alma pode estar sempre venerando, faça a mente o que fizer, ocupe-se o corpo no que se ocupar. Compreende, finalmente, que a vida do discípulo é, absolutamente, veneração ininterrupta do mais alto, na incessante contemplação da Alma Diamante. Enquanto a alma está assim ocupada, no Pátio do Templo, o corpo e a mente estarão trabalhando pela humanidade que precisa deles, no Pátio Externo, e além dele, no mundo. O corpo e a mente são instrumentos enquanto o indivíduo está vivo; são seus mensageiros e seus trabalhadores, enquanto ele próprio está em veneração. E então ele compreende a significação de "no céu seus anjos sempre contemplam a face do Pai", porque a visão da Alma-Pai é uma visão ininterrupta. Nuvem alguma da Terra pode obscurecê-la, nenhum trabalho da Terra pode desfigurá-la. A alma está sempre em contemplação enquanto a mente e o corpo estão trabalhando. Quando isso é alcançado, o limiar está sendo transposto, e, do Pátio Externo, a alma está entrando para o Templo do seu Senhor.

Capítulo 3

A FORMAÇÃO DO CARÁTER

Com relação às qualificações tratadas aqui, bem como a linha de pensamento e ação que deverá ser seguido por aqueles que estão no Pátio Externo, vale lembrar que a posição alcançada pelo aspirante é muito diferente daquela do bom e virtuoso indivíduo religioso, que não percebe completamente o objetivo e a magnitude da sua tarefa.

Delineando as qualificações do candidato que chega ao Pátio Externo, parto da premissa de que há um autotreinamento deliberado na direção do objetivo determinadamente reconhecido, embora aquelas qualificações não precisem ser alcançadas no seu todo. Ele está começando, por assim dizer, a formação do seu caráter. Compreende, até certo ponto, o que deve ser, esforça-se, com maior ou menor sucesso, por se tornar aquilo a que aspira chegar. Não que a purificação definitiva, o completo domínio do pensamento, ou a perfeita formação do caráter, ou, mesmo, a inteira transmutação do inferior para o superior, tudo isso deva ser realizado. Na verdade, ele está ocupado em atrair os fundamentos de suas construções, em esboçar, cuidadosamente e de forma razoável, os contornos daquele edifício que espera levar à perfeição. A tarefa, em todas essas frentes – a construção desses fundamentos, o levantamento de paredes cada vez mais altas, a colocação da pedra final que irá coroar a obra – é realizada dentro do Templo, depois que os olhos se abriram e não enquanto eles estiverem parcialmente vendados, estando o aspirante ainda no Pátio Externo. Ainda assim, por muito elevadas que pareçam ser essas aspirações, por muita magnificência que os contornos preenchidos pareçam ter, eles têm de ser definitivamente admitidos como verdadeiros no Pátio Externo. Por muito baixas que sejam as realizações do presente, nem por isso elas deixam de ser os fundamentos definidos, sobre os quais as gloriosas realizações do futuro terão de se basear.

No Pátio Externo não é preciso sentir desânimo ou desesperança, porque, enquanto os esboços estão sendo traçados, eles podem ser considerados apenas enquanto tais. Transposto o limiar, há ainda muitas vidas nas quais esses esboços podem ser levados à execução, e esses planos do arquiteto servem de base para o edifício concluído.

A formação do caráter tem de ser clara e positiva, pois o candidato o colocará diante de si. Já vimos que ele precisará ter sido, em vidas passadas, um indivíduo virtuoso e religioso, e que quaisquer tendências que ainda existam ali devem ser inteiramente extirpadas. Embora ainda possa haver falhas na consecução de certo aperfeiçoamento, não haverá, em definitivo, satisfação em permanecer no erro. Todas as partes grosseiras de sua natureza já devem ter sido eliminadas, todas as partes rudes da luta íntima estarão destruídas. Pedras muito brutas não podem ser levadas ao Pátio Externo do Templo para a construção. O desbaste deve ter sido feito durante muitas vidas anteriores, antes que elas estejam em condições de servir à construção, mesmo no Pátio Externo de tal Templo.

Aqui, estamos tratando da formação de virtudes positivas, de virtudes de um tipo inexcedivelmente alto e nobre – virtudes que não são apenas aquelas que o mundo considera necessárias, mas as que o aspirante deseja obter, a fim de chegar a ser um dos auxiliares e salvadores do mundo.

Talvez a primeira coisa a nos chamar a atenção na formação do caráter de alguém que esteja no Pátio Externo seja a sua natureza extremamente deliberada. Não é coisa de caprichos e ímpetos ou formação feita sob negligência e descaso. Não se trata de um ir e vir à procura de algum propósito: esse propósito está identificado, e o objetivo é conhecido. Essa formação é deliberada, feita por alguém que sabe que tem tempo, e que nada na Natureza pode ser perdido. Ele começa com o material que tem em mãos, com o caráter tal como é reconhecido como existente. Averigua, tranquilamente, todas as suas forças e todas as suas fraquezas, e põe-se ao trabalho de aumentar umas e remediar outras – esculpindo, em material permanente, uma estátua que já tenha sido modelada em seus contornos gerais.

O indivíduo sabe que levará consigo tudo quanto fez, que de vida para vida levará os tesouros que tiver acumulado, que, se encontrar uma deficiência e só parcialmente puder repará-la, ainda assim ela se conservará reparada, até aquele ponto, até aquela parte do trabalho feito. Se adquiriu para si um poder, esse poder é seu para sempre, uma parte da alma que jamais será retirada, que está tecida na textura da individualidade, para nunca mais tornar a separar-se dela.

O candidato trabalha com esse propósito deliberado que tem suas raízes no conhecimento, identificando a Lei subjacente em todos os aspectos da Natureza. Por compreender que a Lei é imutável, por saber que pode confiar nela com a máxima e mais completa fé, apela para a Lei e sabe que ela responderá. Tudo o que distribui trará, inevitavelmente, a sua colheita. Semeia cada semente com a absoluta certeza de que ela produzirá frutos da sua espécie; esse fruto, e nenhum outro, será sua recompensa em tempos futuros. Assim, não há pressa alguma em seu trabalho, nenhuma impaciência em seu labor. Se o fruto não está maduro, ele pode esperar para colhê-lo; se a semente não está pronta, pode esperar que ela cresça. Sabe que a Lei, à qual se entregou, é, ao mesmo tempo, imutável e boa; que a Lei lhe trará tudo no tempo designado, e que esse será o melhor para ele e para o mundo.

Assim, começa com o material disponível, contentando-se com ele porque é o que a Lei lhe traz do seu passado. Farto ou escasso, pobre e pequeno, rico e grande, começa a trabalhar com ele, sabendo que por muito escasso que se apresente, não há limite para a vastidão que esse material pode alcançar durante os anos que ele tem pela frente. O aspirante sabe que ele deve ter êxito, e isso não é uma questão de probabilidade, mas de certeza, não de sorte, mas de precisa realidade. A Lei deve devolver-lhe o equivalente ao que ele dá e, mesmo que ele dê pouco, esse pouco lhe será ressarcido, e com isso poderá construir seu futuro, acrescentando sempre alguma coisa ao seu acervo, tornando-se um pouco maior a cada nova realização.

Trabalhando de forma constante no domínio do pensamento, conhecendo suas condições, entendendo as leis pelas quais eles são gerados e quais as condições que eles agem no mundo e reagem naquele que os geram, o candidado saberá escolher o pensamento correto para a formação do seu caráter. E esse estágio será um dos primeiros passos a ser tomado enquanto ele estiver atravessando o Pátio Externo. Primeiramente, porque o pensamento correto afeta outros – e todos aqueles que são candidatos ao Templo têm como motivação principal o serviço aos outros – assim, na seleção dos pensamentos, sejam os que ele próprio gera, sejam os que ele permite cheguem à sua mente, seu primeiro motivo será o efeito que esses pensamentos terão sobre os outros, não o efeito que terão sobre ele próprio. Acima e além de qualquer outra coisa, ele está se qualificando para servir; portanto, ao selecionar pensamentos, avalia o efeito que eles possam provocar sobre o mundo exterior – até onde eles irão ajudar, até onde eles irão fortalecer, até onde eles irão purificar. Com a grande afluência de pensamentos que – ele o sabe – devem brotar do seu conhecimento, enviará pensamentos com o deliberado propósito de auxiliar o mundo.

A seguir, refletirá sobre a natureza dos seus pensamentos e no que eles o afetam pessoalmente, na medida em que reagem sobre ele para formar o seu caráter porque ali está, realmente, o instrumento com o qual seu caráter será edificado. Agindo como um foco para pensamentos nobres e altruístas – não mais para pensamentos que são ativamente nefastos –, fará de sua consciência, de maneira deliberada, um imã para tudo o que é útil. Os bons pensamentos de outrem, convergindo para ele, podem partir com novo impulso de vida. Ele pode ser não só uma fonte de auxílio pelos pensamentos que gera, mas um canal desse auxílio pelos pensamentos que recebe, vivifica e transmite.

Isso contribuirá para a formação do caráter, de modo que no início dessa formação tal maneira de pensar constituirá a influência predominante em sua mente. Ele estará constantemente policiando seus pensamentos, examinando-os com o mais zeloso cuidado, a fim de que nada do que seja ofensivo possa adentrar aquele santuário da consciência. Ali jaz a verdadeira fortaleza do castelo, que é, ao mesmo tempo, o portal através da qual tudo entra.

Ele aprenderá, nessa formação do seu caráter, a ter cautela com a sua linguagem. O falar reto deve ser verdadeiro, escrupuloso, nitidamente verdadeiro, não a banal veracidade do mundo, embora ela não seja coisa desprezível. A estrita veracidade é necessária, acima de tudo, aos estudantes do Ocultismo – a verdade na observação, a verdade no registro do que se observa, a verdade no pensar, a verdade no falar, a verdade na ação. Onde não houver essa corajosa determinação de se fazer verdadeiro, não haverá possibilidade de que o Ocultismo não seja repleto de perigos, não haverá possibilidade de nada, haverá somente a queda, profunda e terrível, em proporção com a altura que o estudante puder ter alcançado.

Essa qualidade de verdade no Ocultismo é, ao mesmo tempo, seu guia e seu escudo: seu guia por conceder-lhe a intuição que lhe permite escolher entre o caminho falso e o verdadeiro, entre o caminho da mão única e o da contramão; um escudo, porque somente quando estiver protegido por esse escudo é que todas as ilusões e fascinações dos planos, através dos quais ele passa, vêm a sucumbir, inofensivas. Porque é na prática da verdade no pensar, no falar e no agir que se vai despertando aos poucos aquela intuição que trespassa todos os véus da ilusão, e contra a qual não pode haver possibilidade de se estabelecer uma decepção com êxito. Por toda a parte, no mundo da ilusão, essa falsidade das aparências será encontrada, até que a intuição espiritual possa perpassar o todo que elas formam, com visão direta e inalterável. Não há o que denominam desenvolvimento, no que se refere à intuição espiritual, a não ser quando a verdade é secundada pelo caráter, quando a verdade é cultivada pelo intelecto, quando a verdade se desenvolve na consciência. Sem isso, nada, senão o fracasso, senão os tropeços inevitáveis.

A palavra, então, será verdadeira e será também delicada. Porque a verdade e a delicadeza não se acham em oposição, como nos inclinamos a pensar com demasiada frequência. A palavra nada perde da sua verdade por ser perfeita em sua delicadeza e perfeita também em sua cortesia e compaixão. Quanto mais verdadeira for, maior delicadeza deverá existir, pois no coração de todas as coisas há verdade e compaixão. A palavra que reflete a mais íntima essência do Universo não pode ferir injustamente nenhum ser vivo, nem se fazer falsa pela mais leve sombra de desconfiança. Ela deve ser verdadeira, gentil e cortês. A austeridade da palavra, a verdadeira mortificação e o sacrifício da palavra são a oblação de todos os aspirantes.

Então, a partir da palavra justa e do justo pensamento, a ação reta deve fluir, inevitavelmente, porque a ação é apenas a manifestação do que está no interior. Quando o pensamento é puro, quando a linguagem é verdadeira e justa, a ação será nobre, de maneira inevitável; de uma doce nascente de água só pode vir um doce fluir; do coração e do cérebro que foram purificados a ação deve ser, essencialmente, justa e boa. Esse é o cordão tríplice pelo qual o aspirante está ligado tanto à humanidade como ao seu Mestre; autocontrole no pensamento, na palavra e na ação – esse é o tríplice cordão que liga o homem ao serviço, que vincula o discípulo aos Pés do Mestre, o tríplice cordão que não pode ser rompido com facilidade.

Quando tudo isso é compreendido e encetado, nosso candidato começa a usar um método muito prático e definido na formação do seu caráter. Primeiro formará o que se chama “ideal”. Tratemos de compreender claramente o termo “ideal”. A mente, trabalhando dentro de si própria, constrói uma imagem interna, com o muito que ela assimilou do mundo externo, mas a ideia é o resultado da ação interna da mente sobre os materiais. Uma ideia é, em seu mais alto grau, uma coisa abstrata, e se compreendermos como uma ideia abstrata é formada no simples conhecimento do cérebro, teremos, então, uma opinião muito clara sobre aquilo que entendemos por um ideal.

Tomemos a antiga demonstração: a ideia abstrata de um triângulo. A ideia de um triângulo pode ser captada, de início, pelo conhecimento do cérebro trabalhando na criança através do estudo das muitas formas que lhe dizem ser um triângulo. A criança observará que aquelas muitas formas têm contornos diferentes, feitos de linhas que partem para diferentes direções. Quando olha para eles separadamente, vê que são muitíssimo diferentes, e então passa a vê-los como muitas figuras e não reconhecerá certas unidades subjacentes que dão a todos eles o mesmo nome. Mas aprenderá, aos poucos, que há certas concepções definidas que formam a base dessa concepção única do triângulo; que ele tem sempre três linhas e não mais, que essas três linhas, quando reunidas, têm sempre certo valor definido, que os três lados do triângulo mantêm certo relacionamento uns com os outros, e assim por diante. A mente, trabalhando sobre o todo dessas observações, extrai delas o que se chama a ideia abstrata de um triângulo, que não tem tamanho específico, nem feitio específico, nem ângulo específico, se tomados separadamente. Essa ideia abstrata é formada pelo trabalho da mente sobre todas as muitas formas concretas até o ponto concernente ao conhecimento do cérebro. No cérebro forma-se uma ideia abstrata, sem cor nem feitio, nem qualquer forma ou característica especial, seja de que tipo for, e que reúne em si aquilo que faz das suas muitas formas uma unidade.

Quando formamos um ideal, ele é uma ideia desse tipo abstrato. O trabalho da faculdade de criar imagens, que a mente possui, extrai a essência de todas as diferentes ideias que obteve sobre as grandes virtudes – do que é belo, do que é verdadeiro, do que é harmonioso, do que é misericordioso, do que é, em todos os sentidos, satisfatório para as aspirações da mente e do coração. De todas as ideias diferentes, tais como foram vistas em sua limitada manifestação, a essência é extraída. Então, a mente constrói e lança para o exterior uma vasta e heroica forma imaginada, na qual tudo é conduzido para a perfeição, na qual tudo alcança sua mais alta e completa expressão. Já não mais tratamos com coisas verdadeiras, mas com a verdade; não mais com coisas fortes, mas com a força; não mais com seres que amam, mas com o amor. Essa imagem perfeita – potente e harmoniosa em todas as suas proporções, maior do que tudo quanto foi visto – é aquela que o aspirante concebe, da maneira mais precisa que ele é capaz, sabendo, todo o tempo, que seu mais belo sonho não passa de uma tênue sombra da realidade que em raros momentos de inspiração o Espírito deixa tombar sobre a mente. Porque no mundo do Real existe, em viva luz, o que aqui embaixo ele vê, por assim dizer, em fraco reflexo colorido, suspenso nas alturas dos céus sobre as montanhas nevadas da aspiração humana. O ideal que ele forma é ainda imperfeito porque assim precisa ser! É apenas a sombra da Realidade. Contudo, por mais imperfeito que seja para ele, é o ideal de acordo com o qual seu caráter é formado.

Mas por que criar um ideal? Seja-me permitido citar duas frases, uma delas de uma grande escritura hindu, e outra de uma escritura cristã, para mostrar como os Iniciados referem-se aos mesmos fatos, seja qual for o idioma que usem, seja qual for a civilização à qual suas palavras se dirijam. Lê-se num dos mais místicos dos *Upanishads,* o *Chhândogya*: "O homem é uma criatura que reflete; aquilo sobre o que ele reflete é aquilo que ele se torna; portanto, reflete sobre *Brahma*."[12]

Milhares de anos depois, outro grande Mestre, um dos construtores do Cristianismo, escreveu exatamente a mesma coisa, com outras palavras. "E nós todos que, com a face descoberta, refletimos como num espelho a glória do Senhor, somos transfigurados nessa mesma imagem, cada vez mais resplandecente, pela ação do Senhor, que é Espírito."[13]

Contemplando como num espelho, porque a mente é um espelho, e as imagens são lançadas sobre ele e são refletidas, e a alma que contempla a glória do Senhor transforma-se na mesma imagem, de glória em glória. Assim, aceitem o que diz o hindu ou o que diz o cristão, é o mesmo ensinamento de fraternidade que recebem – o de que devem ter

---

[12] *Chhândogya*, III, xiv, 1.

[13] 2 Cor., 3:18.

um ideal diante de si, a fim de que possam refleti-lo. Aquilo para o que a mente se volta constantemente será, é inevitável, aquilo que o homem se tornará.

Como se procederá a essa formação do ideal? Positivamente, pela contemplação, ou meditação, com integral propósito; escolhendo seu tempo e não permitindo afastar-se dele, esse aspirante, que está disciplinando seu próprio caráter, contemplará, dia após dia, o ideal que está plasmando. Fixará a mente nele e de forma constante o refletirá em sua consciência. Dia após dia ele retornará ao plano que esboçou, apoiando-se nele em seu pensamento. Enquanto contempla, dentro dele crescerão, de maneira inexorável, aquela reverência e respeitoso temor que são veneração, o grande poder transformador pelo qual o homem vem a ser aquilo que adora. E essa contemplação será, de forma essencial, a contemplação da reverência e da aspiração. Enquanto contempla, os raios do ideal divino brilharão sobre ele, e a aspiração irá elevá-lo para abrir as janelas da alma, a fim de recebê-los. Esses raios o iluminam por dentro, e então lançam a luz para o exterior; o ideal sempre brilhando dentro dele e apontando o caminho que seus pés devem percorrer.

Para que possa contemplar dessa forma, ele deve treinar-se para a concentração; a mente não deve dispersar-se, como tantas vezes acontece conosco. Temos de aprender a fixá-la com firmeza. Devemos trabalhar nesse sentido, constantemente, em todas as coisas comuns da vida, fazendo uma coisa de cada vez, até que a mente responda, obediente, ao impulso, fazendo isso com a energia concentrada que a dirige para um único ponto. Não importa que muitas das coisas que tenhamos de fazer sejam triviais. Não é o tipo específico de trabalho que nos cumpre realizar no mundo o que importa, mas a forma pela qual o realizamos, a mente que firmamos nele, as forças com as quais o realizamos, o treinamento que ele nos leva a obter. Não importa o que a vida possa ser, porque essa vida servirá de meta para o treinamento. Porque, tendo alcançado essa faculdade e estando a mente definitivamente dominada, podemos dirigi-la para onde quisermos e escolher o objeto para o qual ela será orientada. Podemos, porém, da mesma forma, obter o controle tanto das coisas pequenas como das coisas grandes, e isso, na verdade, é muito melhor, porque as coisas pequenas estão em torno de nós todos os dias, e as grandes raramente acontecem.

Quando surgem as coisas grandes, a mente, por inteiro, ergue-se para enfrentá-las. Toda a atenção é fixada naquilo, toda a energia é chamada a agir, de forma que possamos nos conservar bem, quando a tarefa importante tenha de ser realizada. O valor real da alma, entretanto, é testado mais nas pequenas coisas, quando nada há que chame a atenção, nada, em sentido algum, que provoque aplausos, quando um homem está trabalhando, com ponderação, a fim de se disciplinar.

A autodisciplina é a chave de tudo. Oriente sua vida de acordo com algum plano, estabeleça, para você mesmo, algumas regras pelas quais sua vida deve fluir. Quando as tiver estabelecido, mantenha-as, e só as altere de maneira tão ponderada como as estabeleceu.

Recorra a algo bem simples como regra definida, o levantar-se a cada manhã, porque o corpo tem de ser posto sob controle. Fixe o tempo que você considera melhor para o seu trabalho, para seu lugar no governo da casa, e quando tiver fixado esse tempo, mantenha-o. Não permita que o corpo escolha, na hora, o seu tempo, mas cuide de treiná-lo naquele instante para uma obediência automática que o torne um servo fiel da mente. Se depois de algum tempo de prática perceber que escolheu mal, então modifique o que havia estabelecido. Não seja rígido, já que está se esforçando por fortalecer a sua vontade; esteja pronto a modificar o que não funciona bem. Mas que essa modificação seja feita por sua escolha pessoal, e com perfeita ponderação. Não faça mudanças porque, no impulso do momento, a paixão, o desejo do corpo, ou a emoção podem estar governando. Não faça mudanças atendendo à natureza inferior que deve ser disciplinada, mas faça-as concluir que escolheu mal. Nunca, ao dirigir sua própria vida, você deve fazer das regras que estabeleceu um embaraço para os que o rodeiam, nem escolha métodos de autodisciplina que irritem ou estorvem os outros, ao invés de simplesmente fazerem o seu treinamento.

O próximo estágio será o de analisar o próprio caráter, porque está trabalhando com conhecimento e não às cegas. Talvez, se for sensato, assimile algumas das coisas que os grandes homens colocaram diante de você como descrição do caráter que o levará ao portal do Templo. Pode seguir, por exemplo, uma indicação como a que é fornecida na *Bhagavad-Gitā – A Canção do Senhor*[14] no XVI discurso, quando Shri Krishna, dirigindo-se a Arjuna, diz quais seriam as qualidades que formam um caráter divino. Ali, você encontrará um rol de qualidades, cada uma das quais pode bem servir como parte do seu pensamento e empenho constantes, recordando que o caráter é formado, em primeiro lugar, pela contemplação de uma virtude, depois pelo empenho em trabalhar essa virtude que se tornou parte do pensamento, no discurso e na ação da vida cotidiana.

---

[14] *Bhagavad Gitā – A Canção do Senhor,* tradução por Annie Besant, Brasília: Ed. Teosófica, 2010. (N.E.)

A lista de qualidades é grande, porém, temos tempo suficiente diante de nós para preenchê-la: "(1) O Senhor Bem-Aventurado disse: A intrepidez, a vida limpa, a firmeza no *Yoga* da sabedoria, a caridade, a autorrestrição, o sacrifício e o estudo das Escrituras, a austeridade e a retidão, (2) a inofensividade, a verdade, a ausência de ira, a renúncia, a paz, a ausência de fraude, a compaixão pelos seres vivos, a ausência de cobiça, a benevolência, a modéstia, a ausência de volubilidade, (3) o vigor, o perdão, a fortaleza, a pureza, a ausência de inveja e orgulho são de quem nasceu com as propriedades divinas, Oh Bhārata." Nem todas essas qualidades ele as obtém ao mesmo tempo, mas tornam-se dele e são criadas na formação do caráter. Cada uma delas deve ser praticada, de início, como é natural, de forma imperfeita, mas, ainda assim com firmeza, e dia a dia – sem nunca desanimar com a ausência de realização, mas exultar ao atingir a meta, sabendo que cada passo é dado para a finalidade que se propôs alcançar.

Se você ler a lista dessas qualidades, com calma e cuidado, verá que pode agrupá-las sob tópicos bem-definidos. Observe como através delas correm os fios dourados da generosidade, do amor, da incapacidade de fazer mal; veja como a coragem, a força e a resistência encontram também seu lugar, de modo que você consegue um delicado equilíbrio de caráter, um caráter que é forte, mas também terno, que é, simultaneamente, autoconfiante e compassivo, que é, ao mesmo tempo, um auxiliar dos fracos, sendo ele próprio forte e inabalável, que é cheio de devoção e de inocência, repleto de autodisciplina e, portanto, de harmonia.

Suponhamos que você aceite isso, até certo ponto, como ideal para a orientação do pensamento cotidiano, e comece a trabalhar nela. Consideremos um ponto que com frequência é encontrado no balanço de muitas virtudes reunidas, e muito mal compreendido. Trata-se de palavra estranha aos ouvidos: indiferença. Às vezes é trabalhada em detalhe, como indiferença ao prazer e à dor, indiferença ao frio e ao calor, indiferença à censura e ao aplauso, indiferença ao desejo e à aversão, e assim por diante. O que ela realmente significa?

Acima de tudo, significa aquele senso de proporção que deve passar a integrar a vida de alguém que captou um relance do real no superficial, do permanente no transitório. Desde que o aspirante tenha compreendido toda a extensão de tempo que há diante dele, toda a vastidão da tarefa que terá de executar, toda a grandeza das possibilidades que ainda existem ocultas à sua frente, as coisas da vida superficial da pessoa devem tomar seu lugar em proporção com o todo. E quando surge um problema, ele já não aumentará tanto como quando em uma única vida era tudo quanto essa pessoa compreendia, porque agora ela começa a perceber que já passou por muitos problemas antes, e que de cada ocasião saiu mais forte e mais tranquilo. E quando a alegria surgir, ele saberá que já as teve muitas vezes antes e que também aprendeu com as suas lições, descobrindo serem elas também fugazes. Assim, quando vem uma alegria ou a dor, o indivíduo a sente muita mais agudamente do que o comum, sentindo-a em seu verdadeiro lugar e em seu verdadeiro valor, conferindo-lhes apenas a dimensão que lhes cabe no grande esquema da vida.

É desta forma que a indiferença nele cresce e isso não quer dizer que esse indivíduo tornou-se incapaz de sentir. O que acontece é que ele está sendo cada vez mais sensível a todas as emoções do mundo interior e do exterior. Na proporção em que se harmoniza com o Todo, deve tornar-se responsivo a todos os tons da harmonia íntima. Mas nada disso pode prevalecer no sentido de perturbá-lo e modificá-lo, de afetar sua serenidade ou lançar uma sombra em sua calma. Porque ele está pessoalmente enraizado onde as tempestades não se encontram, está fixado onde mudanças não acontecem, e, embora possa senti-las, nunca será alterado por elas. Eles assumem seu devido lugar na vida, mantêm sua correta proporção quanto à duração total da existência da alma.

Aquela indiferença, aquela verdadeira e real indiferença, que significa fortaleza, como você pode desenvolvê-la? Primeiro pensando diariamente sobre o seu significado, trabalhando pouco a pouco, detalhe por detalhe, até compreendê-la por completo, de forma a saber o que se entende por aquilo. A seguir, deve praticá-la em sua vida cotidiana, sem recorrer à formação de uma concha em torno de si mesmo, uma concha que tudo afasta, mas fazendo-se responsivo a tudo o que vem de fora. Ao mesmo tempo tente manter um equilíbrio interior que se recusa a ser alterado quando a mudança é sentida diretamente. Essa é uma lição difícil, mas que traz consigo muito de alegria, de esperança e de uma vida mais intensamente vivida.

À proporção que a alma se sente crescendo, forte demais para ser abalada, sem deixar de captar toda a vibração que vem de fora, ela tem um sentido mais amplo da vida, um sentido mais completo de harmonia, de consciência em permanente crescimento, de unidade cada vez maior com aquilo de que ela é parte. À proporção que o senso de isolamento se desfaz, flui para ela a alegria que jaz no coração das coisas, e mesmo aquilo que para o indivíduo comum é dor perde seu atributo doloroso. O discípulo sente isso, por assim dizer, como parte da Vida Universal, como uma sílaba pronunciada com aquela ampla linguagem da Manifestação. Ele pode captar o seu significado sem agonia em seu próprio coração, porque a paz nascida da expansão do conhecimento o domina e modifica, por assim dizer, suas atitudes em relação a tudo o que os seres humanos conhecem como dor e perda no mundo exterior.

Assim, pensando e praticando, você experimentará essa sensação de calma, de força e de serenidade crescendo em seu interior, de forma que chegará a sentir-se como se estivesse num lugar de paz, independentemente do temporal que se abate sobre o mundo exterior. Verá e sentirá o temporal, mas não será abalado por ele. A Vida Espiritual se manifesta primeiro nessa sensação de paz, e a seguir na alegria. Nasce daí a sensação de autocontrole, de que o Eu interno é mais forte do que as mudanças externas, e, embora esteja disposto a responder a essas mudanças, recusa-se a ser alterado pelos contatos externos. Então, como consequência do autocontrole e da indiferença, vem o poder de não odiar ninguém. A ênfase é posta nesse ponto, em todas as linhas orientadoras preparadas para o aspirante. Nada deve ser odiado, tudo tem de ser conduzido para o círculo do amor, por muito repulsivo, antagônico ou repugnante que seja exteriormente. O coração de tudo é vida e amor, portanto, o aspirante que está aprendendo suas lições não deve excluir nada do círculo de compaixão.

Tudo é ali recebido, de acordo com a sua própria capacidade de sentir, e ele é amigo de todo ser vivo, o amante de tudo quanto vive e sente.

Formando assim o seu caráter, o aspirante torna-se destemido, e destemido porque, nada odiando, nada existe que tenha o poder de prejudicá-lo. A ofensa que vem de fora é sempre uma reação à agressão vinda de dentro, porque, se formos inimigos de outros, eles, por seu turno, serão nossos inimigos, e se sairmos para o mundo como ofensores, as coisas vivas, por sua vez, poderão nos machucar. Devemos ser amantes de todas as coisas vivas.

Aqui, o trabalho do indivíduo é educar seus irmãos mais jovens e levá-los a subir, com toda a ternura e compaixão. Ainda assim, tiranizamos outros, humanos ou animais, desde que sejam mais fracos do que nós, e pela sua fraqueza dosamos, amiúde, a nossa tirania, e pela sua impotência também dosamos, com bastante frequência, a carga que colocamos sobre eles. Em nossa cegueira, não sabemos que todo ódio que nos vem do mundo exterior é o reflexo do mal que está em nós próprios, e também não sabemos que para o coração amoroso nada há que seja odioso, portanto nada há que possa ofendê-lo.

O ser humano que tem amor pode andar desarmado através da selva, intocado através da caverna do carnívoro bruto, ou tomar a serpente nas mãos, porque em seu coração nada há que seja mensagem de ódio. O amor que irradiamos para o mundo em torno de nós atrai todas as coisas para servir e não para prejudicar, para amar e não para odiar. Assim, aos pés do iogue, o tigre rolará amigavelmente; aos pés do santo, o mais selvagem dos animais irá levar seus filhotes, pedindo para eles abrigo e ajuda. Todas as coisas vivas se aproximam daquele que ama, porque todas elas são frutos do Divino, e o Divino é amor.

Assim, paulatina e lentamente, aprendemos a caminhar pelo mundo sem temor, intrépidos mesmo através de coisas que ainda podem prejudicar--nos, porque sabemos que, feridos, estaremos apenas pagando uma divida contraída num passado de malfeitorias, e que para cada dívida resgatada haverá um saldo menor contra nós, no livro de crédito da Natureza. Destemidos sim, porque aprendemos a conhecer, e o medo nasce tanto da dúvida quanto do ódio.

O ser que sabe passou para além da dúvida e caminha com pés destemidos por onde quer que vá, porque sabe que está palmilhando apenas terreno sólido, e ali não há armadilhas para seus passos. Nasce daí uma vontade firme, inabalável, vontade baseada no conhecimento, e que cresce em confiança através do amor. Quando o aspirante está cruzando o Pátio Externo, seus passos fazem-se mais firmes, seu roteiro torna-se mais direto e inabalável em seu propósito, crescente em sua força. Seu caráter começa a mostrar-se com contorno definido, claro, distinto, firme; a alma expandindo-se, adiantando-se para frente, para a maturidade. Então, vem o gradual desapego de todos aqueles desejos que nos ligam aos mundos inferiores, o paulatino trabalhar de todos aqueles anseios que em nossas vidas passadas chegamos a descobrir que não continham satisfação para a alma, a libertação paulatina de todos os grilhões que nos prendem à Terra, eliminação gradativa do desejo pessoal e a autoidentificação com o Todo. Porque aquele que está crescendo não irá renascer por qualquer dos vínculos que pertencem à Terra. Os seres humanos voltam à Terra porque são mantidos ali, ligados por esses vínculos de desejos que os prendem à roda dos nascimentos e mortes. Esse indivíduo que estamos estudando, que se tornará livre, deve romper tais vínculos de desejos por iniciativa própria. Só uma coisa poderá prendê-lo, trazendo-o de volta ao nascimento, o amor pelos seus semelhantes, o desejo de servir. Não está ligado à roda, porque é livre, mas pode retornar e dar a volta à roda uma vez mais, por amor daqueles que ainda estão presos, e junto dos quais ficará até que os vínculos de todas as almas sejam rompidos. Nessa libertação, ele rompe os laços da compulsão e aprende assim o perfeito altruísmo, aprende que está buscando o que é bom para todos, e que o que serve ao Todo é aquilo que ele sozinho deseja alcançar. Aprende, então, a autoconfiança; Está crescendo em direção à Luz, e a ser forte para que possa ajudar e confiar no Eu que é o Eu de todos, e para identificar-se com esse Eu, pois para tanto está crescendo.

É possível que o aspirante tenha de enfrentar uma das mais duras provas nesse Pátio Externo. Quando ali entrou, conhecendo e vendo a poderosa alegria que tinha pela frente, virou as costas a muito do que faz a vida agradável com seus companheiros.

Há, porém, algumas ocasiões, durante esses estágios de crescimento da alma, em que nada foi deixado na Terra que pudesse satisfazer; quando perdeu contato com as velhas amizades, e os deleites terrenos perderam seu sabor. As mãos que estão à frente, embora nos estejam amparando, ainda não são sentidas: a pedra que está sob nossos pés, embora os tenhamos plantado sobre ela, ainda não é compreendida como imutável e irremovível. A alma está pesadamente coberta pelo véu da ilusão e pensa ter sido abandonada.

É o vazio, no qual todo o aspirante mergulha por seu turno. Quando aquele vazio se abre, escuro e parecendo insondável, aquele que lhe está à margem recua, apavorado. Contudo, não precisa temer.

Mergulhe no vazio e verá que está repleto! Salte à frente, na escuridão, e sentirá uma pedra sob seus pés! Solte-se das mãos que o mantêm para trás. Mãos mais poderosas agarrarão as suas e o atrairão para diante, e são mãos que nunca o deixarão. Saia, ousadamente para a escuridão e a solidão, e descobrirá que a solidão é a maior das ilusões, que a escuridão é uma luz que ninguém mais pode perder na vida. Essa prova, uma vez enfrentada, é também vista como uma grande ilusão; e o discípulo que ousou mergulhar encontra-se do outro lado dela.

Assim, a formação do caráter continua e continuará pelas vidas que virão, tornando-se cada vez mais nobre à proporção que cada uma dessas vidas termina e cada vez mais vigoroso a cada passo que se adianta. Essas são apenas as fundações do edifício que eu sugeri. Se a sua realização parece importante é porque na mente do arquiteto o edifício está completo, mesmo quando a planta é apenas um esboço, já que sua imaginação vê o edifício concluído e sabe a razão de construí-lo.

E o fim? Ah! O fim dessa formação, dessa construção do caráter, nossa língua sequer pode esboçar. Não há pincel, se mergulhado apenas nas cores foscas da Terra, que possa pintar algo da beleza daquele ideal perfeito, para o qual temos a esperança de nos elevar, ou melhor, para o qual sabemos que temos todos de nos elevar. Vocês já captaram, alguma vez, um relance disso, em momentos de silêncio? Já viram alguma vez o reflexo disso, quando a Terra estava serena e o céu mostrava-se calmo? Tiveram, alguma vez, um relance daquelas faces divinas que vivem e se movem – aqueles que foram humanos e agora são mais do que humanos, sobre-humanos em sua grandeza?

Como vocês tiveram um vislumbre em seus momentos mais calmos, então não precisam que minhas palavras lhes falem disso. Conhecem a compaixão que de início parece compor o todo do Ser, tão radiante é a sua perfeição, tão gloriosa é a sua divindade; e conhecem a ternura que é tão poderosa que pode curvar-se ao mais baixo, bem como transcender ao mais alto; que reconhece o menor esforço, bem como a mais importante realização – ou melhor, que é mais terno para com o fraco de que para com o forte, porque o fraco precisa de mais auxílio da solidariedade que jamais se modifica, do amor que não parece divino, de tal forma que se apresenta humano, e que nos leva a compreender que o ser humano e Deus são um.

E, para além da ternura – a força que nada pode mudar, a força que traz em si a qualidade dos fundamentos do Universo, no qual todos os mundos podem ser construídos e ainda assim ela não será abalada, força de tal modo infinita, reunida a uma infinita compaixão.

Como essas qualidades podem estar em um Ser e harmonizarem com perfeição tão absoluta? Então, a resplandecência da alegria – a que foi conquistada, a que deseja ver todos os outros compartilharem a sua bem-aventurança, o sol radiante que não conhece sombra, a glória da conquista dizendo que todos vencerão, o júbilo nos olhos dos que veem para além do sofrimento e que, mesmo contemplando a dor, sabem que além dela está a paz.

Ternura, força, alegria e a extrema paz – a paz sem inquietações, serenidade que nada pode perturbar. Tal é o vislumbre que pode ser captado do Divino, do ideal que um dia nos tornaremos.

E se ousamos erguer os olhos para tão alto, é porque Seus pés ainda pisam a terra que nossos pés estão pisando. Eles se ergueram muito alto acima de nós, mas nem por isso deixam de estar ao lado de seus irmãos. E se nos transcendem, não é porque nos tenham deixado, embora, por todos os lados, estejam além de nós. Porque toda a humanidade reside no coração do Mestre, e onde a humanidade está, nós, Seus filhos, podemos ousar compreender que habitamos.

Capítulo 4

ALQUIMIA ESPIRITUAL

Nos últimos capítulos consideramos as etapas pelo qual o aspirante, ao entrar no Tempo gradualmente, vai purificando-se, trazendo seus pensamentos sob controle, desenvolvendo sua natureza, ou talvez, sendo precisa ao dizer, que ele está construindo suas fundações. Esses são três estágios que estão sendo considerados, e qualquer pessoa que tenha entrado no Pátio Externo, que tenha colocado diante de si a grande tarefa de realizá-las, fará esses diferentes esforços para a realização do objetivo que prometeu a si mesma atingir. Suponhamos, então, que nosso candidato volta-se, agora, para considerar a outra parte de sua grande tarefa, descrita como a alquimia espiritual – um processo de transmutação.

A alusão, naturalmente, é para aquele trabalho de alquimista, pelo qual ele transforma o metal inferior em metal nobre, o cobre em ouro. O processo é realizado, até certo ponto, na mente e na vida de cada pessoa religiosa e ponderada. Com o nosso candidato, porém, tal processo faz-se consciente e determinado, porque ele reconhece seu método e seu fim, e volta-se, intencionalmente, para a execução daquilo que deseja.

Assim, esse processo de alquimia espiritual pode ser considerado como uma transmutação de forças. Cada ser humano tem, em si próprio, vida, energia e vigor, bem como poder de vontade, e assim por diante. Com essas forças é que ele deve trabalhar, pois são energias através das quais seu objetivo tem de ser alcançado. Por um processo que pode ser razoavelmente descrito como alquímico, ele transmuta essas energias, levando-as para o superior, das energias grosseiras para as que são refinadas e espiritualizadas. Não se trata, para ele, apenas da mudança de seus objetivos. Trata-se, antes, de mudá-los e purificá-los exteriormente, por assim dizer, tal como o alquimista, usando a matéria bruta, leva-a a passar, de fato, por um processo de purificação. Não é apenas uma simples purgação de impurezas, mas uma purificação que vai muito além disso. Ele tomou o próprio metal, reduziu-o a um estado mais fino, mais rarefeito, e, então, voltou a combiná-lo com um tipo nobre, com um tipo sublime.

Podemos imaginar o alquimista espiritual reunindo todas essas forças da sua natureza, consciente de que são forças, portanto, úteis e necessárias, mas, resolutamente, transformando-as, purificando-as e refinando-as. Interessa-nos o método de refinação, bem como a forma pela qual esse trabalho pode ser conduzido.

O objetivo dessa alquimia espiritual não é apenas a transmutação de forças, embora seja a sua parte essencial, mas há um aspecto subsidiário na alquimia espiritual que mal se pode deixar de levar em conta. As almas estão ligadas à vida terrena, à roda de vidas e mortes, pelos desejos; eles são mantidos nessa roda pela ignorância, aprisionados pelos seus anseios de prazeres materiais, de alegrias particulares, isoladas, por assim dizer. Continuamente ocupadas em ações, que ligam as almas, sejam elas boas ou más, proveitosas ou prejudiciais. Ainda assim, no indivíduo comum, a ação nasce do desejo, e esse desejo é força vinculativa ou impeditiva.

As ações devem continuar enquanto o indivíduo permanecer no mundo; se assim não fosse, já não haveria a manifestação. À proporção que um indivíduo se faz mais nobre, mais sábio, mais forte, suas ações tornam-se sempre um fator cada vez mais importante no progresso do mundo. Se os indivíduos de maiores qualidades se abstivessem da ação, o progresso da raça tornar-se-ia, sem dúvida alguma, demorado, o que levaria sua evolução a um inevitável retardamento.

Como é possível, então, que a ação se realize, e ainda assim a alma seja livre? Aqui, vamos encontrar um caso de alquimia espiritual. O maior dos indivíduos pode ser o mais ativo no serviço, e, apesar disso, seu serviço pode não chegar a tocá-lo como uma alma livre. Isso parece um paradoxo – um serviço que é perfeita liberdade.

Ora, a expressão "alquimia espiritual", tomada como um meio para chegar a essa liberdade, é apenas uma forma de aludir à Lei Fundamental do Sacrifício. Essa grande Lei no Universo manifestado está na raiz de tudo e expressa-se constantemente, embora suas formas sejam tão variadas que chegam, com facilidade, a propiciar equívocos. Estamos tratando com uma verdade multifacetada, que é vista pela mente humana sob muitos aspectos. Ela tem, de fato, dois aspectos, conforme seja vista de cima ou de baixo.

É uma lei que permeia o Universo e à qual, pode-se dizer, todos os átomos estão submetidos, e que é, no sentido mais pleno da palavra, a expressão da Vida Divina em manifestação. Há infinitas oportunidades de engano no simples tocar nessa Lei. A pessoa tende a ser unilateral, dependendo do ponto de vista que no momento lhe domine a mente – o lado da Matéria ou o lado do Espírito. No que tange à Lei do Sacrifício, ela tem dificuldade em evitar a excessiva ênfase sobre um ou outro lado, perdendo assim aquele equilíbrio constante a partir do qual somente a verdade pode ser perfeitamente representada.

Vejamos, em primeiro lugar, seu aspecto mais baixo, quando a encontramos expressa na Natureza manifestada e impressa no Cosmo, trabalhando nos mundos físico, astral e mental, e assim por diante. Isso inclui certo relacionamento entre todas as coisas vivas, bem como seres vivos de outros mundos que nos rodeiam. Aqui também encontraremos uma lição das mais úteis, a mais luminosa sugestão a nos auxiliar nesse processo do Pátio Externo.

Observando o sacrifício nos mundos inferiores, pode ser-nos apresentado bastante apropriado como um processo de serviço mútuo, ou permuta; um girar contínuo da roda da vida, na qual cada ser vivo recebe e dá, na qual não podemos evitar receber, na qual não devemos recusar a dar. Em todas essas coisas tomamos parte, conscientemente ou não. Quanto mais desenvolvidas estejam as pessoas, mais consciente será a sua cooperação.

Essa forma de encarar o sacrifício talvez tenha sido exposta de maneira mais clara do que em qualquer outro lugar na *Bhagavad Gitā – A Canção do Senhor*[15], uma das escrituras hindus onde encontramos o sacrifício e a ação relacionados de uma forma que é bom compreender. Diz o grande Mestre:

> "(9) O mundo está ligado pela ação, exceto pela que se cumpre por sacrifício; por tal razão, Oh filho de Kunti, cumpre tu a ação livre de apego."

Então, voltando ao passado, a fim de completar esse ciclo, que é o sacrifício pelo serviço mútuo, o Mestre diz:

> "(10) Nos tempos remotos, tendo feito emanar a humanidade por meio do sacrifício, o Senhor da emanação disse: "Por meio de sacrifício, propagar-vos-eis; e que o sacrifício seja o vosso doador de desejos. (11)... É verdadeiramente um ladrão aquele que desfruta das dádivas concedidas por Eles sem qualquer retribuição. (14) As criaturas subsistem do alimento;

[15] *Idem* nota 14. (N.E.)

> a produção do alimento provém da chuva; a chuva procede do sacrifício; o sacrifício surge da ação. (15) Saibas que a ação se origina de *Brahmā*, e *Brahmā* provém do Imperecível. Portanto, o ETERNO, o todo-impregnante, está sempre presente no sacrifício. (16) Aquele que na Terra não segue esse movimento que é assim cíclico, Oh filho de Prithā, é pecador na vida e regozija-se nos sentidos, vive em vão."

A roda da vida está na raiz do sacrifício em todas as religiões, e quanto mais pura e mais nobre for a religião, mais pura e mais nobre será a ideia do sacrifício de que ela estará impregnada. Reparem como essa ideia alquímica é integralmente levada adiante; a mudança, sempre, de um em outro. O alimento transforma-se em seres, mas, para que haja alimento, a chuva se transformou nele, e a fim de que a chuva possa cair, o sacrifício tem sido oferecido aos Deuses. Então, os Deuses nutrem.

Encontraremos esse giro da roda da vida em destaque, por toda parte, nas religiões antigas. O

Brâmane, por exemplo, lançará ao fogo o seu sacrifício, porque está dito, o fogo, *Agni,* é a boca dos Deuses. Lançando ao fogo esse sacrifício, nos velhos dias, acompanhado o gesto, como costumava ser, com *mantras* usados como palavras de poder sobre as forças inferiores da Natureza, aquele sacrifício disciplinava muitas dessas forças da Natureza, que, trabalhando sobre a terra, trazem à luz alimento para os seres humanos. Embora a ação fosse em si mesma um símbolo, aquilo que ela simbolizava era real, e real, também, era a força que vinha dos lábios do homem de poder e do instrutor purificado.

O símbolo pretendia instruir as pessoas sobre a roda da vida e levá-las a compreender que a ação é, essencialmente, sacrifício. A ação deve ser realizada como dever, porque é direito realizá-la, e não com outro objetivo. Deve ser levada a efeito para que o ser humano possa estar em harmonia com a lei, porque a lei é a sua parte na tarefa comum.

Sob esse ensinamento, o sacrifício era o laço de união, o fio de ouro que reunia todos os seres deste Universo manifestado. Como raiz do sacrifício havia a ação; tal como a ação vem do Deus em manifestação, tal como Ele era aquilo que se manifestava – dizia-se que *Brahman* permeava todos os sacrifícios. Toda ação pode, assim, ser realizada no mundo como um dever, não com o desejo de trazer frutos para a pessoa, ou para proveito pessoal, porque, nesse caso, vem o modo de ver inferior, rebaixado, egoísta, com o qual os sacrifícios foram ulteriormente feitos.

Como parte do giro da roda, do cumprimento do dever pelo dever, existe a verdadeira essência da alquimia, que, transformando a ação em sacrifício, queima as cadeias do desejo e libera o sábio. Assim, queimada no fogo da sabedoria, a ação perde toda a sua força aprisionadora da alma. A alma torna-se companheira de trabalho com o divino na Natureza, e cada ação lançada sobre o altar do dever torna-se uma força que faz girar a roda da vida, mas nunca prende a alma.

Essa permuta constante, esse serviço mútuo, é uma forma da grande Lei do Sacrifício, e quando a ação é levada a efeito como dever, torna-se parte da harmonia universal. O trabalho do nosso aspirante, no Pátio Externo, realizado por nenhuma outra razão, a não ser porque precisa ser feito, sem nenhuma exigência de recompensa, vai, aos poucos, treinando o aspirante a realizar todas as ações de uma forma sacrificatória. Quem quer que faça isso está em consciente harmonia com a vontade divina no Universo manifestado e torna-se, assim, uma força para a evolução, uma energia para o progresso. Todas as raças ou nações irão beneficiar-se pela ação que, de outra forma, só teria trazido ao sacrificador um fruto pessoal, que, por sua vez, prenderia sua alma e limitaria suas potencialidades para o bem. Assim, então, podemos ver essa Lei do Sacrifício trabalhando, quando vista de seu aspecto mais baixo.

Quanto ao mais alto, do ponto de vista mais sublime, o sacrifício visto em sua mais íntima essência, é um "dar", um espraiar-se para fora. Vai motivado pelo desejo de dar; sua essência está no anseio de deixar fluir algo que, sendo precioso para o que o possui, ele deseja dar, a fim de que ajude e dê alegria a outros.

Portanto, em sua essência, ele é jubiloso e não penoso, sendo a própria dádiva o verdadeiro coração da ação sacrificatória.

No verdadeiro coração, no âmago da Manifestação, o supremo ato de sacrifício é essa autolimitação de uma existência, pela qual ela apresenta, como energia, o *Logos* manifestado.

Essa maneira de considerar o sacrifício foi mantida para implicar o que parece ser uma contradição em seus termos: "A agonia do *Logos*." Mas o que é o *Logos? Brahman* em manifestação. A natureza de *Brahman* – nas antigas Escrituras, que, por sua vez, têm suas raízes em conhecimento ainda mais antigo – a natureza de *Brahman* é bem-aventurança. Nenhum outro pensamento é possível, se de alguma forma tentarmos pensar no que está para além da manifestação.

Que *Brahman* é bem-aventurança tem sido a tônica da mais antiga religião Ariana. Ao passo que o homem sobe em direção a *Brahman*, o próprio último revestimento da alma é chamado o Revestimento da Bem-Aventurança. Se estudarmos o *Rāja Yoga* da Índia e os veículos nos quais a alma pode manifestar-se nos mundos, veremos que, à proporção que ela se retira dos mundos inferiores, vai descartando seus sentimentos inferiores, o revestimento do corpo, do corpo sutil, do desejo, e, então, da mente. A alma sobe e sobe, sempre se aproximando de *Brahman*, que é ela própria, e adquirindo cada vez mais sua natureza própria e essencial.

No verdadeiro final, há o revestimento mais alto, tão sutil que mal pode ser diferenciado do Um e Único, a delgada, fina individualidade, necessária para guardar a colheita das eras que ficaram para trás. Esse revestimento tem um nome – o Revestimento da Bem-Aventurança. Todos os que estão lutando no mundo, envoltos nas espirais da ignorância, devem ser lembrados de que o progresso, em *Yoga*, que é a união com o Divino, deve ser conduzido de estágio a estágio, até que a alma esteja envolvida em nada mais a não ser a bem-aventurança, pois "*Brahman* é Bem-Aventurança". Portanto, um ato de sacrifício não é possível nessa região elevada, que não pode ser outra coisa senão um ato de alegria, um ato de emanação de bem-aventurança.

O Universo surgiu dessa natureza suprema que é a beatitude, e dessa autolimitação da existência surgiu o *Logos* que é ele próprio. O verdadeiro objetivo da autolimitação foi o de emanar felicidade, que é sua própria essência natural, de forma que quando o ciclo das existências viesse a ser completado, houvesse muitos indivíduos, radiantes e jubilosos, compartilhando com Ele essa felicidade perfeita, uma felicidade sempre crescente à proporção que se aproxima d'Ele Próprio. Existe sofrimento apenas pela suposição da distância em que Ele está, porque a alma está envolvida na ignorância. A base do sacrifício é aquela alegria que se movimenta para trazer muitos a se reunirem com Ele próprio, da qual a finalidade é a Paz que ultrapassa qualquer expressão.

Entendendo isso, poderemos localizar nossa Lei de Sacrifício e compreender seu aspecto dual: o aspecto que é "dar" alegria. O inferior, entretanto, mais arrecada do que dá, e o sacrifício aparece continuamente a partir do ponto de vista da natureza inferior, como renúncia, que é dor. À proporção que o indivíduo se faz ele próprio, isto é, à proporção que se torna divino em sua própria consciência do Eu, sentir-se-á cada vez mais jubiloso, cada vez mais apto a dispensar alegria para outros. A bem-aventurança deve aumentar conforme a natureza mais elevada se desenvolve, e a dor só aparece pela fricção, pela luta com o inferior – que é, na verdade, o Eu oprimido pela ignorância e envolvido em ilusão.

A dor é usada para livrar aquele indivíduo da ignorância. Todo o processo de crescimento e evolução está nesse livrar-se da ignorância. Ele pode ser descrito, e assim é sentido por nós, constantemente, em nossa natureza inferior, como dor, perturbação e conflito. Contudo, na proporção em que o verdadeiro ser interior se desenvolve, se faz conscientemente ativo e capaz de expressar-se na natureza superior, então ele compreenderá que a essência de todos os seus esforços é trazer essa manifestação de júbilo e paz para auxiliar um mundo sofredor. Aos poucos, será capaz, por assim dizer, de permear a natureza inferior com sua própria convicção, à proporção que a purifica da ignorância e a leva a compreender a realidade das coisas, em vez da sua ilusória aparência.

Como então, pode-se razoavelmente indagar, tem sido essa ideia de dor tornada tão contínua em conexão com o sacrifício? Por que a identificamos tanto ao ponto de que o próprio uso da palavra sacrifício transmite a ideia de que há uma agonia genuína? Parece que a raiz do engano encontra-se na natureza inferior: todas as suas atividades estão direcionadas para agarrar, tomar, pegando para o seu próprio eu isolado e separado dos outros.

Vindo a este mundo para acumular experiência, quando a influência do homem superior sobre o inferior é do tipo mais leve possível, essa natureza inferior mergulha no mundo da sensação, captando aqui e acolá tudo quanto parece atraente, ignorando o efeito das coisas, conduzida, simplesmente, pela aparência exterior. Essas primeiras experiências da natureza inferior, longamente continuadas, serão um captar constante de deleites aparentes, e um constante verificar de que tais deleites são menos satisfatórios do que se imaginava.

Dessa forma, a dor leva ao conhecimento, como também o prazer leva ao conhecimento. Experimentando esses dois lados da natureza manifestada, a alma reúne um pequeno conhecimento da realidade subjacente nas coisas e isso transforma sua experiência em conhecimento, converte seu conhecimento em sabedoria, e essa sabedoria passa a ser, doravante, o seu guia.

A sabedoria é sempre uma fonte de alegria pura, não deturpada. Essa sabedoria crescente representa uma visão sempre aumentada, serenidade aumentada e força aumentada. Desse ponto de vista, mesmo a dor tem seu lado prazeroso, pois o ser humano verdadeiro não vê nas experiências a dor transitória da natureza inferior, e sim aquilo que é obtido pela natureza superior. Ele percebe que todas essas experiências significam seu próprio crescimento em conhecimento e poder. Faz a escolha entre elas, com serena alegria ao escolher, porque vê o término do trabalho, o ouro que sairá do fogo.

Suponhamos, contudo, que vejamos o ser humano no mundo inferior cego pela ignorância. Vamos encontrá-lo aprendendo essas lições constantemente ensinadas pela natureza, lições rigorosas e doloridas. Iremos encontrá-lo buscando satisfações animalescas, indiferente aos prejuízos que causa a outros, indiferente aos sofrimentos que atingem os que o rodeiam, quando se apodera, para seu uso, de alguma coisa que deseja. Então, com toda a certeza, ao sentir esse objeto fazer-se em pedaços no momento em que o agarra, sua primeira sensação será de dor aguda, de intenso desapontamento, uma impressão de abatimento e revolta. Vista assim, a experiência é verdadeiramente dolorosa, embora, a partir daquele ponto de vista, seja uma experiência que vale a pena colher.

Muito mais do que isso, entretanto, o inferior e o superior estão em conflito. O superior deseja certa realização e tem de trabalhar através do inferior. O inferior não entende a intenção do superior, não compreende o objetivo que o superior está vendo. Sem essa cooperação do inferior, o objetivo do superior não pode ser alcançado. Assim, acontece a luta com a natureza inferior, às vezes para forçá-la a adiantar-se, às vezes para contê-la. No todo, para a natureza inferior ainda envolvida na ignorância, aquilo desperta uma sensação opressiva, uma imposição para que dê, desfazendo-se daquilo que deseja ter. Lentamente, porém, chega àquela natureza inferior a compreensão de que o ganho vale o sofrimento, e que esse domínio da dificuldade pelo esforço, embora o esforço em si mesmo seja doloroso, ainda representa tanto ganho em vigor, que a simples dor passageira se perde na alegria da realização.

Dessa forma, a alma se desenvolve, e à proporção que isso ocorre, haverá, até mesmo onde interessa à natureza inferior, esse duplo trabalho do intelecto na mente do ser humano, e nele o indivíduo escolherá, com determinação, alguma coisa difícil de obter, porque irá perceber que ela é extremamente desejável. Contudo, não pode obtê-la sem sacrifício de alguns desejos inferiores e fará esse sacrifício, queimando-o, por assim dizer, no fogo do conhecimento.

Descobre então que o que está queimando são as limitações e fraquezas que não o deixavam avançar, e que o toque do fogo, que de início parecera doloroso, não é senão a destruição daquelas cadeias. Então, o júbilo se libera. No repetir-se da experiência, o indivíduo assimila, cada vez mais, a liberação, e cada vez menos, o sofrimento através do qual a liberação é obtida.

Com essa observação íntima, uma vez mais aquele sofrimento converte-se em alegria, porque ali houve, novamente, a alquimia divina. Ele vê que naquele ecoar-se do superior para o inferior, o superior está levando o inferior a participar da sua alegria e a sentir melhor a sua permanente e crescente bem-aventurança.

Quando a alma está se aproximando do portal do Templo, começa a ver que tudo aquilo, na verdade, é um processo para livrar-se da limitação e que todo o sofrimento está nessa limitação que a impede de compreender claramente sua unidade com seus irmãos, bem como sua unidade com o Divino. Rompendo a limitação, essa alegria pressentida é encontrada. Depois disso, o sofrimento é, de novo, uma questão de separação. A separação tem origem na ignorância, e com a destruição dessa ignorância desaparece também a dor. A alma sente que essa limitação é ilusória, aparente e irreal, pois não tem parte no mundo onde o verdadeiro ser humano vive. Começará, com determinação, a transmutar essas faculdades de natureza inferior, e, através desse processo alquímico, irá refiná-las.

Observemos alguns casos e vejamos como pode ser. Tratemos, em primeiro lugar, do que é uma das grandes fontes de sofrimento no mundo inferior – a procura de prazer para o ego, sem levar em consideração os sentimentos alheios; o desejo de divertir-se em pequeno círculo em torno do qual se levanta uma cerca para o mundo exterior, e que é assim mantido para a limitada satisfação do eu inferior. Como a alma tratará esse instante de busca do prazer, como algumas vezes é chamado?

Há nele alguma coisa suscetível de ser modificada pelo fogo?

A busca do prazer, que sempre termina em sofrimento, pode ser transmutada numa qualidade disseminadora de alegria, a qual todos compartilham do benefício daquele que o adquiriu. A alma percebe que pode levar a efeito essa transmutação se procurar, gradualmente, eliminar dessa busca de prazer o elemento da separatividade, através do esforço constante para se livrar do desejo de excluir, derrubando a pequena parede de ignorância, erguida em torno dela própria naqueles mundos inferiores nos quais ela está se manifestando. Quando um prazer é lembrado e obtido, o ego derrama-se para todos os seus irmãos e leva até eles a felicidade que encontrou. Porém, mesmo assim encontra alegria em obedecer; porque em um mundo onde tudo é lei, a harmonia sempre traz paz e felicidade, e a própria presença da discórdia demonstra uma desarmonia com essa lei.

Essa alma que está crescendo, quando chegar a descobrir que obteve algum poder ou conhecimento espiritual, treinar-se-á para sentir que a alegria da posse está, realmente, no ato de dar, não no ato de ganhar, e o que é necessário ser feito é romper as paredes construídas nos tempos de sua ignorância e deixar a alegria espalhar-se por todos os seres e coisas. Assim, o instinto da busca de prazer pode ser transmutado no poder de dar alegria, e aquele que um dia procurou o prazer no isolamento terá a consciência de que a alegria só existe no repartir e que não vale a pena possuir seja o que for, a não ser o que é possuído quando se dá. A alegria de doar é, de fato, o sacrifício essencial, o deixar que se derrame, para todos, o que, de outra maneira, iria tornar-se inteiramente inútil, ao ficar encerrado dentro de um eu separado.

Vejamos mais um exemplo para essa mesma alquimia espiritual – o amor egoísta. Temos aqui alguma coisa superior ao instinto de busca de prazer, porque a simples palavra amor implica dádiva a outro. Contudo, esse amor ainda pode ser muito egoísta, um amor que está sempre procurando receber, ao invés de dar, um amor que, por assim procurar o proveito, mostrará, com certeza, os desagradáveis atributos do exclusivismo, do ciúme, do desejo de obter o objeto amado para si mesmo, e, por assim dizer, cobrir o sol, mantendo-o brilhando apenas em sua própria moradia, não beneficiando ninguém com os seus raios.

Mas como será transformado um amor egoísta? Ele não se transformará pela diminuição do amor. Esse é o erro em que alguns indivíduos incidem. Não será transmitido por se tornar frio, mas por ser encorajado, e tentando-se, deliberadamente, eliminar esses elementos que o degradam, observando o eu inferior, e ao perceber que ele dá início à construção de uma pequena parede de exclusão, demoli-la. Quando esse eu tenta afastar a pessoa amada da companhia de outros é melhor dar-lhe a conhecer outras pessoas. Quando surge o sentimento do egoísmo e do ciúme, ele deve ser ponderadamente posto de lado, de forma que o sentimento que diz: "Fiquemos sozinhos e gostemos disso", seja mudado para "vamos juntos para o mundo, para dar e repartir com outros a alegria que juntos encontramos".

Por esse processo de alquimia, o amor torna-se compaixão divina e se espalhará por todo o mundo. Os que encontram essa alegria, recebendo-a do ser amado, descobrirão seu deleite deixando que se escoe para os demais aquilo que encontrou. Esse amor talvez um dia tenha sido o amor entre um homem e uma mulher e depois expandiu-se para o círculo do lar, extravasando-se ainda mais para a vida da comunidade, da nação, e, então, para a vida da raça. Deverá, finalmente, expandir-se para incluir tudo quanto vive no Universo. Nada terá perdido da sua profundidade, nada do seu calor, nada do seu fervor e intensidade, e deve ter se espalhado pelo Universo ao invés de se concentrar em um único coração, ter-se tornado aquele oceano de compaixão, que inclui tudo quanto sente e vive. Tal seria, no que se refere ao amor, essa alquimia da alma.

Assim, é possível observar qualidade após qualidade da natureza inferior, e retraçá-las como o foram essas duas que acabamos de citar, vendo, então, que o processo inteiro está, essencialmente, em nos livrarmos da separatividade, destruindo-a com determinação, vontade, conhecimento e compreensão. A totalidade do processo é alegria para o verdadeiro e real ser humano, porque o indivíduo inferior, em sua cegueira, algumas vezes deixa de compreender isso. E quando compreendido, a dor, e até mesmo sua sensação, transforma-se em alegria, porque a alma vê, e a natureza inferior começa a compreender o fim e o objeto de seu trabalho.

Há ainda outra forma, na qual a transmutação pode acontecer. À proporção que esse fogo de sabedoria e de amor, que é a Natureza Divina no ser humano, vai adentrando cada vez mais a natureza inferior, queimando essas limitações e transmutando-as de acordo com a sua própria imagem, há também a liberação das energias e forças espirituais que parecem, de uma forma estranha, ser o resultado do processo que estivemos retraçando, uma alquimia da Natureza. A própria manifestação parece liberar energia, a própria queima do inferior libera forças sutis do superior. O resultado da queima é a liberação da vida espiritual, o libertar o que estava tolhido e não podia manifestar-se, mas que quando a película externa foi queimada, estará liberta para trabalhar no mundo.

À medida que a alma vai se elevando para planos superiores e assimilando sua identidade e a unidade de tudo, começamos a ver, vagamente, o esboço de uma grande verdade, aquela que teve a possibilidade, em virtude de sua unidade com as outras almas, de participar com elas e ajudá-las de várias maneiras. O prêmio das realizações espirituais – as possibilidades de repouso e de bem-aventurança espiritual, que não pode ser compartilhado com outros – pode ser objeto de renúncia por parte dessa alma, como um ato jubiloso, necessário à sua própria natureza, a fim de que tudo aquilo a que ela está renunciando torne-se propriedade comum e expanda-se através das espécies humanas, ajudando-as a acelerar a sua evolução.

Sabemos de discípulos que abrem mão do *Devachan*, de Adeptos que abrem mão do *Nirvāna*. Percebemos, vagamente, que esses seres estão alcançando o ponto de autoidentificação com seus irmãos, o que significa, para eles, uma necessidade divina de repartir aquilo que obtiveram. A verdadeira recompensa para eles não está na bem-aventurança do *Devachan*, ou na inimaginável bem-aventurança do *Nirvāna*; a única alegria que lhes importa sentir é lançar tudo quanto têm ao suprimento comum, elevando assim um pouco a raça da qual fazem parte.

Captamos um vislumbre de outra maneira pela qual esse auxílio pode às vezes ser dado. No grande âmbito da lei que jamais consegue ser rompida, pode haver dor e sofrimento para uma alma, e dessa dor e sofrimento ela própria foi, no passado, a semeadora e a causa. É possível, para o que compreende que ele próprio e aquela alma sofredora são um só plano da Realidade, manter-se, por assim dizer, ao lado de tal alma, insuflando-lhe força e energia. Assim, enquanto o fardo é suportado por quem criou, ainda assim são lançados sobre aquela alma uma força nova, uma nova vida e uma nova compreensão, o que lhe torna possível o cumprimento da sua tarefa, o que não a modifica, mas modifica sim a atitude da alma. Essa é uma das maiores alegrias e a mais alta recompensa que pode ter a alma que está crescendo, e nada pede para si própria senão a possibilidade de servir.

O auxílio dado é o fortalecimento da alma irmã, não a libertação da carga por ela construída, e que, para seu próprio bem, ela deve suportar. Mas isso transforma a dor da penalidade aceita na serena resignação diante de um sofrimento bem-merecido, que ensina sua própria lição. A alma assim auxiliada sente-se jubilosa, mesmo enquanto carrega o peso do seu *Karma*. A dádiva que lhe é atribuída com ele é uma dádiva que a faz mais forte, agora e no futuro, e que representa o escoar da Vida Divina para ela, proveniente do plano onde todas as almas são uma só. Aquele plano está sempre repleto de energia espiritual que pode ajudar pela constante oferta dos que encontraram a alegria divina de dar de si aos outros.

Por que chamamos o "Caminho da Aflição", se ele se torna cada vez mais radiante com essa alegria divina? Enfrentando a encosta da montanha, nesse determinado desejo de subir mais depressa, um efeito inevitável do esforço deve ser a concentração, em poucas vidas, das consequências que, de outra maneira, iriam espalhar-se por muitas; a descida, sobre a alma, do *Karma* do passado. Isso agora tem de ser encarado e tratado em muito pouco tempo, portanto, com a adição de um tremendo vigor na intensidade. Quando isso tomba sobre a alma, pode vir com uma espantosa força, com uma energia ofuscante, levando-a a compreender o sofrimento como nunca o compreendera antes. Contudo, mesmo então, não é a própria alma que sente os desgostos: é a natureza inferior, ainda cega, e sempre instigada a adiantar-se pela natureza superior. Mesmo nesse momento de amarga prova, quando tudo o que foi acumulado em muitas vidas passadas vem chegando, a alma, em si mesma, é um ponto de paz. Está contente por fazer rapidamente o que de outra maneira iria durar através de muitas vidas, e porque naquele fogo, violento, mas breve, a escória do passado seria completamente purificada, e porque ela, a alma, ficaria livre para seguir adiante em sua vida, que só ela reconhece como desejável.

Aquele caminho também foi chamado o Caminho da Aflição, porque, entrando nele, o discípulo deve abrir mão de muita coisa que significa prazer para o mundo – prazer dos sentidos, prazeres da vida mundana, gozos de todos os tipos. A alma que resolveu escalar a montanha perdeu, contudo, o gosto por eles. Essa alma procura algo que não desvanece e alegrias que não são transitórias. E embora o Caminho visto de fora possa parecer um Caminho de Renúncia, é uma renúncia que por outro lado significa alegria, paz e prazer aumentados. Porque não é a aceitação das aflições por prazer, mas o abandono de uma felicidade passageira pela eterna bem-aventurança, o abandono de uma coisa que pode ser tirada por circunstâncias exteriores, trocando-a pelo que é a posse interior da própria alma, alegrias que não podem ser obscurecidas, manchadas ou enevoadas pela mudança nos acontecimentos terrenos.

À proporção que a alma adianta-se pelo Caminho, a alegria aprofunda-se cada vez mais, porque vemos, desde o início, que o sofrimento tem sua origem na ignorância. Há os que talvez procurem o Caminho por causa das tristezas. Observam o mundo e veem desgraça e angústia por todos os lados e o sofrimento de homens, mulheres e crianças voltando, século após século, milênio após milênio. Veem homens sofrendo sem saber o porquê desse sofrimento e, assim, sentem o aguilhão da ignorância, que é, realmente, a essência da dor.

Olhando em redor o mundo mergulhado na ignorância, o coração dos indivíduos que serão os salvadores da humanidade, sente o infortúnio da Terra, inspira-se a procurar, o Caminho da Liberação desse infortúnio. Olhando para esses Grandes e vislumbrando centelhas de suas vidas, tal como podemos vê-las através da tradição e da história, jamais ocorreu-lhe que a agonia pela qual Eles passaram existiu antes que vissem a luz? Que a agonia foi a do desamparado, o reflexo das tristezas que Eles sentiram quando ainda não viam a causa das aflições, quando ainda não conheciam a cura?

Observem o sofrimento daquele Ser Divino, que tantos milhões da nossa raça consideram, hoje, o maior, o mais alto, a verdadeira flor da humanidade, Buda. Lembram-se de como Ele procurava a causa da dor, de como lamentava a ignorância e o sofrimento do mundo, como não via de que maneira aquelas dores podiam ser curadas! Ele se submeteu aos sofrimentos, à dor e à autorrejeição, renunciou à sua esposa e ao seu filho, ao palácio, ao lar, ao reino. Saiu levando apenas a tigela do mendigo, sozinho na selva, longe da companhia de outros seres humanos.

Ele não sabia – dizia-se – como salvar o mundo e não podia sentir-se em paz enquanto o mundo sofria. Enfrentou perigos, dores, mortificações corporais e a mais profunda treva da mente que procurava ver e não conseguia. Por fim, sentado sob uma árvore, veio a iluminação. Conheceu a causa da dor. E veio o tempo em que a angústia se desvaneceu e a alegria tomou-lhe o lugar, quando, com palavras que vêm soando através dos séculos, palavras saídas de Seus lábios, veio também um grito de triunfo, de júbilo, de felicidade, que nunca será modificado. Talvez recordem os termos com que um poeta inglês exprimiu as Suas palavras, mostrando como a ignorância é a causa da dor e como o conhecimento faz antever a chegada da alegria:

> Eu, Buda, que chorei com as lágrimas de todos os meus irmãos, . . Cujo coração foi dilacerado pelos sofrimentos do mundo inteiro, rio e estou alegre, porque há liberdade. [16]

Liberdade! Mas isso é alegria. As lágrimas vêm da ignorância, da cegueira. O coração estava dilacerado pelas aflições do mundo, como os corações dos seres humanos estão partidos agora porque não sabem. Mas há liberdade. E a mensagem da liberdade diz que a causa da dor está em nós próprios e não no Universo. Ela esta em nossa ignorância e não na natureza das coisas; está em nossa cegueira e não na vida. Assim, quando a luz vem, a liberdade chega com ela, e a alegria e o riso do indivíduo, como se diz, tornam-se divinos, porque a luz divina

---

[16] *A Luz da Ásia,* Edwin Arnold, Brasília: Ed. Teosófica, 2018. (N.E.)

flui para a sua alma. Ele é o iluminado, o sábio. Para o sábio, a tristeza não existe, para a alma divinamente iluminada, o infortúnio está morto para todo o sempre.

Capítulo 5

No limiar

O aspirante agora está diante dos Portais de Ouro que, transpostos, levam o ser humano para o interior do grande Templo, de onde aquele que entra nunca mais sai. Todos os que habitam esse Pátio Externo parecem ter uma característica comum. São muito diferentes em suas qualidades morais e mentais, no progresso que fazem, nas qualificações que já obtiveram, em sua aptidão para avançar, mas uma coisa eles todos parecem ter em comum: a dedicação. Eles têm um propósito definido diante de si, compreendem positiva e nitidamente aquilo a que estão aspirando.

Na literatura sagrada de outros países, a ênfase é posta nessa qualidade de dedicação, de um propósito definido de trabalhar com afinco, de maneira precisa. Em alguns dos livros antigos, pertencentes às crenças hindus, a negligência é apontada como uma das faltas mais perigosas. A dedicação, por outro lado, é uma das aquisições mais valiosas.

Todos os que alcançaram o estágio, que foi antes referido, passaram para além dos grilhões que separam um credo dos outros, compreenderam que todos os credos têm os mesmos grandes ensinamentos, e que todas as pessoas religiosas têm a mesma meta grandiosa. Não é de surpreender, portanto, o fato de que, voltado para as Escrituras que pertencem a uma ou outra fé, já que todas elas vêm da mesma grande Fraternidade de Mestres, cheguemos a encontrar as mesmas características que estão acentuadas no aspirante. Todas elas falam dessa qualidade de dedicação como uma das mais essenciais para aquele que virá a ser um discípulo.

Tão claramente, talvez, e um tanto mais pormenorizado do que em qualquer outro lugar, veremos essa qualidade exposta no segundo capítulo do

Dhammapada[17]. Ele diz:

> Se uma pessoa dedicada estimulou-se, se ela não for descuidada, se suas ações são puras, se usa de ponderação em seus atos, se sabe dominar-se e vive de acordo com a lei, então sua glória crescerá.
> Estimulando-se, pela dedicação, pela restrição, pelo controle, o homem sábio pode fazer para si próprio uma ilha, que torrente alguma poderá submergir.
> Tolos entregam-se à vaidade, porque são homens de mau discernimento. O sábio mantém a dedicação como sua joia preciosa.
> Não segue a vaidade, nem os gozos do amor e da luxúria. O que é dedicado e meditativo obtém júbilo ilimitado.

Quando o indivíduo culto, com sua dedicação, afasta a vaidade, ele, o sábio, olha para baixo, para

[17] *Dhammapada Athaka: Caminho da Lei,* tradução Georges da Silva. Ed. Pensamento. (N. E.)

os tolos. Sereno, observa a multidão que labuta, tal como alguém que está no alto de uma montanha olhando os que estão embaixo, na planície.

Dedicado entre os negligentes, desperto entre os que dormem, o sábio avança como o que disputa uma corrida, deixando a turba atrás de si. Pela dedicação, Maghavan[18] ascendeu à autoridade suprema dos Deuses. As pessoas louvam a dedicação, a negligência é sempre censurada.

> Um *Bhikshu* que se deleita na dedicação, que vê com receio a negligência, move-se como o fogo, queimando todas as suas algemas, pequenas ou grandes.[19]

Olhando para trás, para todo o trabalho que estivemos descrevendo, podemos ver como essa qualidade de dedicação está subjacente em toda a purificação da natureza, no controle dos pensamentos,

---

[18] *Maghavân* ou *Maghavat,* epíteto de Indra. Usada como adjetivo: instituidor ou chefe de um sacrifício; liberal, generoso, conforme *Glossário Teosófico*, Ed. Ground. (N.E.)

[19] *Idem* nota 17. (N.E.)

na formação do caráter, na transmutação das qualidades inferiores em superiores. Todo esse trabalho pressupõe a natureza dedicada que reconheceu seu objetivo e está, determinadamente, buscando alcançar sua meta.

Essa característica apresenta-se de forma bastante enfática àqueles cujos olhos estão abertos. O caráter de uma pessoa pode ser claramente lido na chamada "aura" que a circunda. Nos seus primeiros e pretéritos dias, a alma era uma coisa das mais indefinidas. Foi comparada a uma espécie de espiral de névoa, sem contorno aparente, sem limite marcado com nitidez. Agora, à proporção que a alma progride, essa espiral de névoa assume uma forma cada vez mais definida, e a aura da pessoa toma, por sua vez, um feitio correspondente, mais nítido. Ao invés de extinguir-se vagamente, apagando-se no nada, apresentará contorno claro e preciso, contorno esse que se fará tanto mais nítido quanto mais a individualidade se afirmar.

Então, se estivermos observando as pessoas no Pátio Externo, elas terão suas auras bem definidas.

Não só demonstrarão qualidades bem marcadas, mas essas qualidades ficarão claramente assinaladas exteriormente. E essa nitidez da aura é o sinal do caráter definitivo que a alma individual está assumindo. Essa condição da alma é algo que se destaca à proporção que ela se adianta. A posição da alma não lhe é dada como favor arbitrário por parte de alguém, não vem de nenhum tipo de sorte, nem depende de qualquer espécie de circunstâncias. É uma condição clara e definida, demonstrando qualidades positivamente obtidas, poderes ganhos. Isso é visível a qualquer observador que tenha desenvolvido, em si mesmo, a possibilidade de visão para além daquela que concerne apenas às coisas materiais.

A qualidade de dedicação resulta no desenvolvimento da individualidade e, assim, proporcionando uma definição clara à aura. A atmosfera definitivamente delineada que envolve a pessoa pode ser considerada como um sinal externo daquele estado interno que é comum a todos os que estão no Pátio Externo. Embora este sinal seja mais claramente demonstrado em uns do que em outros, é uma característica encontrada em todos que se encontram lá. Enquanto os aspirantes estiverem no Pátio Externo – isso foi dito, com muita veracidade, naquele maravilhoso e pequeno tratado, *Luz no Caminho*[20] –, as iniciações são as da vida. Não são as claras e exatas Iniciações que vêm mais tarde, a primeira das quais chega quando se transpõe os Portais de Ouro. São as constantes iniciações que aparecem no caminho do candidato enquanto ele faz sua passagem pela vida cotidiana.

Em sentido muito real, a vida, nesse ponto, pode ser chamada a Grande Iniciadora. Todas as provas pelas quais o candidato está passando aqui, nesta vida, experimentam suas forças e desenvolvem suas faculdades. Em *Luz no Caminho*, certas condições são estabelecidas, que, segundo se afirma, também se acham apontadas, em todas as Lojas de uma autêntica Fraternidade, na câmara que fica à frente da Loja propriamente dita. Essas regras são escritas em

[20] *Luz no Caminho,* Mabel Collins, Brasília: Ed. Teosófica, 2017. (N.E.).

linguagem mística, mas bastante inteligível, embora, como em toda linguagem mística, possam, na verdade, surgir dificuldades, por se fazer uma interpretação literal das palavras, ao invés da explanação das verdades que as palavras tentam expressar.

As quatro grandes verdades escritas na antecâmara são as seguintes:

> Antes que os olhos possam ver, devem ser incapazes de lágrimas.
>
> Antes que o ouvido possa ouvir, deve ter perdido a sua sensibilidade.
>
> Antes que a voz possa falar na presença dos Mestres, deve ter perdido o poder de ferir.
>
> Antes que a Alma possa estar na presença dos Mestres, seus pés devem ser lavados com o sangue do coração.[21]

Os comentários sobre *Luz no Caminho* merecem estudo cuidadoso, pois explicam grande parte das dificuldades que o estudante talvez encontre no

[21] *Idem* 20. (N. E.)

tratado propriamente dito, e podem ajudá-lo, sem dúvida, a evitar a excessiva literalidade e a captar a significação interior dessas quatro Verdades. Afirma-se, nesses comentários, que o significado da primeira frase, "Antes que os olhos possam ver, devem ser incapazes de lágrimas", é o de que a alma deve passar da vida de sensação para a vida de conhecimento, seguindo aquém e além do ponto em que é agitada constantemente pela via dos sentidos, para a região do conhecimento, onde existe a estabilidade, onde há serenidade e paz.

Os olhos são as janelas da alma, e essas janelas podem ficar embaçadas pela umidade da vida, como se diz. Tudo isso é o efeito daquelas vívidas sensações, lançando névoa sobre as janelas da alma, de modo que ela não pode perceber claramente quando olha através delas. Essa névoa vem do mundo exterior e não do interior, da personalidade e não da alma. E é, portanto, representada como lágrimas, porque as lágrimas podem ser tomadas como símbolos de violenta emoção, seja de dor, seja de prazer.

Até que os olhos se tornem incapazes de tais lágrimas, até que as janelas da alma não mais sejam embaçadas pela umidade que pode ser lançada sobre elas, do exterior, até que essas janelas fiquem claras, e a luz do conhecimento passe através delas, é impossível que os olhos da alma possam realmente ver. O discípulo não perderá sua sensibilidade, porque está dito que ele sofrerá ou se deleitará mais intensamente do que os outros indivíduos. Nem o sofrimento, nem a alegria, entretanto, poderão demovê-lo do seu propósito, ou tirá-lo daquele ponto de equilíbrio, produto da firmeza do conhecimento obtido. Esse conhecimento é a compreensão do permanente, portanto, a impossibilidade para o transitório e o irreal de lançar qualquer véu decisivo sobre a visão da alma.

O mesmo se dá com a segunda verdade "Antes que o ouvido possa ouvir, deve ter perdido a sua sensibilidade." A alma deve ter alcançado o local do silêncio, porque, como foi dito, embora a voz dos Mestres esteja sempre soando no mundo, os ouvidos humanos não a ouvem, enquanto estiverem tomados pelos sons da vida exterior. Não se trata de silêncio por parte do Mestre, porque ele está eternamente falando, apenas os sons que estão mais próximos do discípulo são de tal forma mais altos do que aquela harmonia mais doce, mais suave, incapaz de penetrar no ouvido através dos sons mais grosseiros que vêm pelos sentidos e pelas emoções inferiores. Portanto, é necessário que o discípulo, enquanto ainda está no Pátio Externo, alcance o local de silêncio, a fim de que o som verdadeiro possa ser ouvido. Esse local de silêncio que ele alcança deve, durante algum tempo, causar uma sensação de falta de sensibilidade, por causa da quietude que ali reina, por causa da ininterrupta serenidade da qual a alma é consciente.

Habituados como estamos aos sons que nos rodeiam, sentimos, quando o silêncio cai por um momento sobre a alma, uma impressão de vazio. É como se penetrássemos num abismo onde não conseguimos tomar pé, e de onde se passa para uma escuridão que se assemelha a uma mortalha que tivesse caído sobre a alma. Isso traz uma sensação de absoluta solidão, de vacuidade, sensação de que tudo se afastou, de que toda a vida se desvaneceu, com a cessação dos sons e das coisas vivas. Afirma-se que, embora o próprio Mestre esteja ali, segurando a mão do discípulo, este tem a sensação de que a mão se encontra vazia. Ele perdeu de vista o Mestre e tudo que se foi antes dele.

Nesse momento de silêncio parece haver uma pausa na vida, tudo parece estar parado, embora seja a própria vida da alma. Através desse silêncio, a voz soa do outro lado, a voz que, uma vez ouvida no silêncio, é ouvida para todo o sempre, entre todos os sons. Nenhum som que a Terra pode produzir poderá, doravante, mesmo por um momento, amortecer a harmonia que assim falou uma vez à alma.

Diz-se que essas duas Verdades devem ser sentidas, devem constituir uma experiência, antes que o verdadeiro Portal de Ouro possa ser tocado; essas duas Verdades devem ser compreendidas pelo aspirante, antes que lhe seja possível ficar no limiar, e ali esperar permissão para entrar no próprio Templo.

Muitas coisas estão escritas naquela antecâmara, coisas que devem ser trabalhadas do outro lado, e que se acham escritas para orientar o aspirante, a fim de que ele venha a conhecer a linha ao longo da qual terá de caminhar, para que possa iniciar a preparação para o trabalho que está dentro do Templo. Poderia parecer, pela descrição, que essas duas grandes Verdades – como o poder de falar na presença dos Mestres e o de ficar diante Deles, face a face – fossem compreendidas integralmente, pelo menos no outro lado, mesmo que uma tentativa fosse feita no Pátio Externo, para levá-las a desabrochar na alma. Porque dizem que o poder de falar na presença dos Mestres é o apelo ao grande poder que está à frente do raio ao qual o aspirante pertence. Ele ecoa, subindo, e então ecoa novamente, descendo para o discípulo, e do discípulo sai para o mundo.

Ele consiste no seu apelo por conhecimento, e, em resposta, lhe é dado o poder de falar no conhecimento que recebe. Só há uma condição que permite ao discípulo falar em presença Deles, e é a de que ele, por sua vez, fale a outros do conhecimento que obteve, e faça de si próprio um elo daquela grande cadeia que reúne o mais alto ao mais baixo, transmitindo àqueles que não estão onde ele está agora o conhecimento que, no lugar em que ele está, é capaz de receber. Se ele pede para tornar-se um neófito deve, de imediato, tornar-se um servo, porque não pode receber, a menos que esteja disposto a repartir.

Esse poder de falar não é o poder da fala que vem de fora, que pertence, antes, aos planos inferiores, mas aquele poder que fala de alma para alma. Ele mostra o caminho aos que o estão procurando, transmitindo-lhes, porém, a verdade que as palavras expressam tão imperfeitamente. Esse poder de falar de alma para alma é concedido ao neófito apenas se dele desejar e lhes fazer uso para o serviço, tornando-se uma das línguas de fogo vivo que se movem entre o mundo e falam do segredo que a humanidade procura.

Então, vem a última Verdade, a que afirma não poder ninguém se postar em presença dos Mestres, exceto aqueles cujos pés foram lavados no sangue do coração. Isso significa que, da mesma forma como as lágrimas representam esse orvalho da vida que vem de uma intensa comoção, o sangue do coração representa a própria vida. Ele diz que o aspirante já não reivindica a vida para si mesmo, mas está disposto a deixar que ela se expanda para além da sua pessoa, de forma que o mundo inteiro possa partilhá-la. Sendo a vida a coisa mais preciosa que o ser humano possui, isso, afirma-se, é o que ele deve deixar, antes de ter a capacidade de postar-se na presença daqueles que tudo deram. Ele já não almeja viver para si próprio, não mais procura o nascimento pelo que possa auferir com isso, ou pelo que possa obter como experiência. Ele lavou seus pés com o sangue do seu coração, abandonou o desejo da vida para si próprio e está mantendo essa vida para o bem da raça, a serviço da humanidade.

Esse sacrifício absoluto de toda a vida é, em sua última perfeição, para aqueles que estão no limiar do Adeptado, a conquista do mais elevado. Esse é um dos últimos triunfos do *Arhat,* que está exatamente sob aquele ponto em que todo o conhecimento é obtido, e nada mais há a aprender, nada mais a ganhar. O conhecimento, que irá fazer-se uma realidade viva, é um auxílio para a orientação da vida. Portanto, penso que isso está escrito na antecâmara, embora não haja ninguém nessa antecâmara que possa estar perfeitamente seguro de obtê-lo.

Tratando, então, desses estágios que nos levam ao limiar, começamos a compreender algo do que virão a ser os que estão em frente ao Portal, prontos para transpor o limiar. Eles terão outras vidas diante de si, nas quais muito será realizado, ainda com quatro grandes estágios a serem empreendidos antes de alcançarem a elevada posição de Adepto. Vemos que são pessoas de propósitos definidos, de caráter definido, de vidas purificadas, de paixões extintas ou em extinção, de temperamento autocontrolado, ansiando por servir, com aspirações à pureza, ou às mais altas nobrezas da vida. Por um momento que seja, deixemos que nossos olhos pousem no limiar, vislumbrando e percebendo com mais clareza o que se encontra adiante e, claramente, percebendo por que tais condições são necessárias e por que deve o aspirante praticar no Pátio Externo tais lições estudadas por nós. Por apenas alguns momentos deixem nossos olhos repousarem, embora só possam fazer isso de maneira imperfeita, sobre os quatro estágios que se encontram dentro do Templo, cada um deles com seu Portal próprio, e sendo cada Portal uma das grandes Iniciações.

O primeiro é descrito como a Iniciação recebida por aquele que "entra na corrente". Podemos ler isso em *A Voz do Silêncio* e em outros trechos de muitos livros esotéricos. Ela marca um passo claro e definido que torna possível a passagem pelo limiar e a entrada no Templo.

Num trecho de *A Voz do Silêncio* afirma-se ser raro, para o discípulo que entra na corrente, conquistar sua meta na mesma vida. Geralmente há sete vidas pelas quais ele deve passar, antes que seja dado o último passo, mas não se deve aceitar essas palavras com demasiada certeza. Porque as vidas são efeitos, não sendo medidas pelos nascimentos e mortes dos mortais. Elas são, talvez com maior frequência, antes estágios de progresso do que vidas humanas, mas, ainda assim, às vezes se medem entre o berço e o túmulo.

Desses seres se diz que passaram, vida após vida, sem romper a autoconsciência. Na passagem das vidas que eles viveram, certas e derradeiras fraquezas da natureza humana são rejeitadas, uma a uma, rejeitadas para sempre, completamente. Já não há, agora, os trabalhos incompletos do Pátio Externo, os esforços não terminados, as tentativas não cumpridas. Aqui, cada trabalho empreendido é perfeitamente realizado, e em cada um desses estágios certas fraquezas explícitas são descartadas para sempre, enquanto o discípulo avança para a integral manifestação do Divino no homem.

Da segunda Iniciação, diz-se que aquele que passa por ela só recebe o nascimento uma vez mais. Voluntariamente e, por muitas vezes, ele pode voltar à encarnação, mas pela sua livre vontade própria de servir e não pelo fato de estar preso à roda dos nascimentos e mortes. Passando por esse estágio, ele alcança o terceiro Portal, a terceira grande

Iniciação, e não mais recebe o nascimento, porque passará para o quarto estágio, que o leva ao limiar do *Nirvāna*. Não pode haver lei que prenda a alma, porque agora todos os grilhões estão rompidos, e a alma é livre. O quarto estágio é o *de Arhat*, quando os grilhões remanescentes são inteiramente descartados.

Podemos de alguma forma traçar esses últimos passos, esses quatro estágios da Iniciação? Podemos compreender, ainda que de maneira obscura, o trabalho que torna possível a passagem por esses quatro portais e modifica a vida do outro lado? Vemos que o candidato não é de forma alguma perfeito. Há ainda dez grilhões de fraquezas humanas que têm de ser descartados, um por um. Sem entrar em pormenores, tomemos essas fraquezas simplesmente como guia, e perguntemos a nós mesmos por que tantas coisas têm de ser feitas antes que seja permitida a entrada no Templo.

É fácil ver que as situações já estudadas devem ser parcialmente atendidas antes que o aspirante possa transpor o limiar. Cada passo que ele dá no outro lado apresenta cada vez maiores poderes dentro do seu alcance. O fato de ver, de ouvir, de agir fará dele um ser muito diferente dos que estão à sua volta, mantendo poderes que não repartem, tendo visões que não são deles, conhecimentos dos quais não são parte. O aspirante tem de mover-se entre eles, mas, ainda assim, até certo ponto, não ser deles, posto que é diferente, embora partilhando da vida em comum. Na verdade, ele precisa ser um tanto diferente, antes que aqueles poderes sejam postos ao seu alcance.

Suponhamos que ele tivesse a fraqueza, tão comum no mundo exterior, de se irritar facilmente com as faltas dos que o rodeiam. Suponhamos que ele perdesse com facilidade o seu equilíbrio em virtude dos acontecimentos triviais da vida cotidiana, que seu temperamento não estivesse bem controlado, sua compaixão não crescesse, e quando outra pessoa o insultasse, ele sentisse cólera, em vez de compaixão, e irritação em lugar de perdão. Suponhamos que ele fosse pouco tolerante e pouco paciente. Qual seria o resultado da admissão de tal pessoa além do limiar, permitindo que aqueles poderes, sobre-humanos, ficassem, ainda que imperfeitamente, ao seu alcance? Não haveria o perigo de que essas pequenas faltas, tão comuns em homens e mulheres do mundo, produzissem efeitos de natureza catastrófica?

Se ele fosse colérico, esses novos poderes da alma – fortalecimento da sua vontade, vigor do seu pensamento – fariam dele uma fonte de perigos para o seu semelhante, porque essas forças seriam arremessadas para fora e afetariam outros. Suponhamos que ele não fosse tolerante, que não tivesse aprendido a solidarizar-se, a conhecer as fraquezas que havia dominado e a compreender quanto é fácil o fracasso. Qual seria então sua atitude entre as outras pessoas, quando pudesse ler seus pensamentos, compreender e ler suas faltas? Essas características, que ocultamos uns dos outros sob as aparências externas, não mais estariam veladas para ele, e sim surgiriam clara e indubitavelmente expressas na própria aura de que falei e que circunda todas as pessoas.

É evidente que tal poder, um dos mais inferiores do Caminho, não deveria ser posto em mãos de quem quer que fosse que não tivesse aprendido através da sua luta pessoal a solidarizar-se com o mais fraco, dar-lhe auxílio e manifestar-lhe compaixão, em lugar de condená-lo. É certo e justo que a exigência se mostre rígida, antes que o aspirante receba permissão para transpor o limiar. É preciso que tenha sido deixada uma porção relativamente pequena, pelo menos, dessas falhas comuns dos homens, antes que ele caminhe para dentro daquele poderoso Templo, onde há lugar apenas para os servidores auxiliares e amorosos da humanidade.

A tarefa que ele ainda tem de cumprir é de tal modo gigantesca que um bom progresso parece necessário, antes que ele possa enfrentá-la. Terá de livrar-se de qualquer traço de fraqueza humana, de obter todo o conhecimento que lhe for possível dentro dos limites do nosso sistema, e desenvolver os poderes que colocam todo esse conhecimento ao seu alcance, quando quiser, de forma que apenas dirigindo a atenção para onde quer que seja, tudo que ali está e possa ser conhecido passe para o conhecimento do observador. Porque essa, e nada menos do que essa, é a posição do Adepto. O Adepto é "aquele que nada mais tem a aprender". Se não houvesse aqueles que fizeram isso, e o estão fazendo, tal coisa pareceria fora de qualquer possibilidade. Nesse curto prazo de vidas, o aspirante deve partir do estágio relativamente inferior, que marca a primeira Iniciação, para a altura sublime, onde os Adeptos aperfeiçoados estão como a própria flor e perfeição da evolução da Humanidade. Essa é a tarefa que está dentro do Templo. Nem o mais leve traço de fraqueza ou da ignorância humana deve ficar preso ao *Arhat* que está preparado para a Iniciação final. Não é de admirar que o alicerce de que falamos, e que deve suportar o peso de tão importante edifício, e sobre o qual uma tão vasta superestrutura irá ser erigida, deva ser forte e firme.

Quando os olhos são abertos, o caminho deve parecer muito mais alto e longo do que é, para aqueles cujos olhos estão nublados no lado de cá do Portal, porque uma alma deve ver com a maior clareza. Aqueles que estão acolá devem medir com exatidão a distância que os separa Deles. À luz daquela glória perfeita, como deve parecer fosca sua própria conquista, como parece imensurável sua própria ignorância, sob a luz do perfeito conhecimento Deles.

Mas as situações serão diferentes. Ali está o vigor dos indivíduos que cruzaram o limiar, passando para um estado de vida muito diferente daquele que deixaram para trás. O que parecia impossível aqui, torna-se possível ali, e o que dava a impressão de ser muito difícil, torna-se relativamente fácil.

Embora possamos não entender inteiramente todos os aspectos da vida do outro lado, há alguns sobre os quais parece possível pensar e que mostram quão diferente é a vida dentro do Templo. Antes de tudo, os indivíduos que ali estão compreendem – e muita coisa existe na palavra "compreender". Lembramos o grito de triunfo que partiu dos lábios de Buda quando Ele proclamou o fim dos liames e a descoberta da liberdade. Tal grito, para aqueles que estavam no mundo exterior, revelava-lhes qual era a causa da dor e também falava da sua cessação, que está na compreensão da realidade.

> Oh! Vós que sofreis! Sabei que
> Sofreis devido a vossas próprias faltas.
> Ninguém mais obriga,
> Ninguém vos impele a viver e morrer. [22]

Aquele que transpôs o limiar sabe que isso é uma verdade. Os seres humanos sofrem por eles próprios. Não são forçados a tanto. Quando chegam a compreender tal coisa, o mundo inteiro deve mudar diante dos seus olhos e todas as dificuldades do caminho mudarão de aspecto.

Todas essas perturbações e dificuldades do mundo nascem da ignorância desse mesmo mundo, e os indivíduos sofrem porque não sabem que passam de vida para vida, e crescem tão pouco porque não o sabem. A roda de nascimentos e mortes a que estão presos só os mantém ali por causa da sua falta de conhecimento, por não compreenderem que

---

[22] *Idem* nota 16. (N.E.).

estão realmente livres somente pela compreensão.

Quando surge a compreensão, por débil que seja, não de fato com a visão dos Iluminados, mas ainda assim com inteira convicção, o mundo todo muda seus aspectos para esse homem que cruzou o limiar. Olhando para trás, para o mundo com todas as suas dores e angústias, com seus olhos lacrimejantes e corações dilacerados, ele sabe que há um fim para a dor, que esse fim aparece quando cessa a ignorância. Assim, o coração partido é removido. Embora a tristeza possa não ser completamente superada, aquilo que era desespero e desesperança desapareceu da sua alma para todo o sempre.

Essa não é a única mudança da condição – não a esperança de um amanhecer, mas a certeza do nascer do sol e do dia que vem; essa não é apenas a mudança existente do outro lado do limiar. Um dos grandes benefícios consiste na aquisição de uma consciência que se conservará inalterável e sobre a qual a morte não terá poder, sobre a qual o nascimento já não pode passar a esponja do esquecimento. Essa consciência tem de ser contínua e ininterrupta. A autoconsciência não pode jamais ser totalmente perdida ou novamente obscurecida, desde que se iniciou no indivíduo, mas não se transfere para a consciência inferior, nas vidas que estão no lado mundano do Templo. Dentro do Templo, a autoconsciência é um conhecimento integral, de forma que a alma possa olhar para frente e para trás, sentindo-se forte pelo conhecimento do Eu imortal.

E vejam como isso pode mudar toda uma vida; quais são as duas grandes tristezas que ocorrem aos seres humanos, das quais eles não podem escapar? Dois dos mais atrozes sofrimentos são a separação e a morte – separação pelo espaço, quando centenas de milhares de léguas separam amigos –, e a separação que vem com a descida do véu da morte. Mas a separação e a morte não existem para aquele que transpôs o limiar. Com os grilhões da ignorância ainda sobre ele, pelo menos parcialmente, pode sentir alguma angústia com a separação pela distância ou pela morte, mas isso não consegue realmente perturbar sua vida ou romper sua consciência. É só enquanto está no corpo que a separação existe para ele, e ele pode estar fora do corpo quando desejar, e ir para onde o espaço e o tempo já não podem detê-lo. Esses dois, entre os grandes sofrimentos, foram extirpados da sua vida, são males do passado, e em suas formas mais terríveis estão terminados para todo o sempre.

Isso não é tudo nessa imensa mudança de condições na vida do discípulo. Ele sabe que nas vidas que tem pela frente não se deixará resvalar para trás e sentir o que sentia nas vidas que ficaram no passado. Nunca mais virá inconsciente para o mundo, perdendo talvez a metade da vida por não saber o que procura. Não retornará ao mundo ignorante de tudo, porque por enquanto está obscurecido pela matéria que o envolve e sem conhecer o verdadeiro propósito da vida. Mas certamente ele voltará com conhecimento para progredir, e a responsabilidade será unicamente sua se não fizer nada por se adiantar. Ele ganhou a consciência que torna o progresso possível. Qualquer inércia ou frouxidão será sua própria falta, de modo nenhum uma necessidade em sua vida.

Além disso, suas condições serão mudadas pela

nova fraternidade de que será parte, fraternidade onde não há nuvens, onde não irão surgir dúvidas ou suspeitas, fraternidade acima de todas as névoas da Terra, onde tais coisas não têm lugar, não podendo, assim, perturbar a alma. Porque, entrando para o Templo, ela se viu diante dos grandes Professores, os Mestres, e com essa possibilidade de contato com tão elevada associação, toda a vida transformou-se para aquele homem, e para todo o sempre. Ele teve contato com o permanente, e o transitório não pode mais perturbá-lo como nos dias em que ainda não conhecia o Eterno. Seus pés estão firmes sobre a rocha, e as ondas não serão capazes de lavá-lo a partir dali, e dar-lhe novamente o trabalho de nadar no mar agitado.

Por outro lado, embora sua tarefa seja importante, as condições se mostram tão diferentes que ela parece menos impossível de se realizar. Começamos por compreender por que ela foi executada no passado, e por que está sendo executada no presente. Começamos a compreender aqueles passos pelo flanco da montanha, embora parecessem elevar tanto a alma, podem ser dados com rapidez relativa sob condições diferentes. A evolução pode ser bem rápida, quase que para além de todos os sonhos, quando os poderes da alma assim se vão desdobrando. As trevas foram dissipadas e a Luz é vista.

Uma após outra, as últimas fases da fraqueza humana estão desaparecendo, e a alma resplandece, forte, calma e pura. A ilusão do eu inferior desaparece, e todos os homens são vistos como sendo "um" com o verdadeiro Eu. A dúvida está se desvanecendo, pois o conhecimento a substituiu. Quando a alma apreende a realidade das coisas, a dúvida faz-se impossível para sempre. Toda dependência do que é externo, do que é transitório, também desaparecerá da alma, porque, em seu vívido contato com as realidades, as coisas exteriores devem tomar sua devida proporção. Ela aprenderá como essas coisas exteriores são pouco relevantes. Todas as coisas que separam os seres humanos são sempre sombras e não realidades. Todas as diferenças de religiões, todos os ritos e cerimônias esotéricos pertencem ao mundo inferior, são apenas paredes ilusórias erguidas entre as almas humanas. Esses grilhões de sombra desaparecem para a alma que está aprendendo.

Os poderes da alma desabrocharão; visão e audição, obtenção de conhecimento jamais sonhado até então fluem de todos os lados. A alma não mais está limitada pelos sentidos, como aqui embaixo, não mais quase todo o Universo lhe está fechado, apenas um fragmento dele, aqui e ali, encontrando caminho para ela, como conhecimento. A obtenção de conhecimento assemelha-se a um processo de vida continuamente aumentado, fluindo constantemente para a alma que se abriu de todos os lados para recebê-lo.

Mais adiante vemos, vagamente, que a alma se está livrando daquelas sombras eterizadas do desejo, que ainda parecem agarrar-se a ela; últimos contatos, por assim dizer, da vida terrena que talvez tenham o poder de detê-la. Quando, porém, chegamos à última Iniciação, exceto a mais elevada, de *Arhat*, descobrimos que é impossível imaginar que possam existir quaisquer grilhões, quaisquer manchas, numa situação de tal modo elevada. É verdade que está escrito que o caminho do *Arhat* é "difícil de entender, como o dos pássaros no ar", porque, como os pássaros, ele parece não guardar pegadas. Dá a impressão de que voa pelo seu caminho, intocado, sem grilhões, naquela alta atmosfera em que se move. Daquela região vem uma sensação de paz inalterada, que nada pode perturbar. Ela mantém-se inatingível por qualquer tempestade da Terra, numa paz que nada pode estorvar.

Aqueles que conhecem esse estado tentaram escrever sobre ele, em palavras que necessariamente são limitadas, uma vez que são palavras humanas. Disseram, em sílabas que parecem pálidas para descrever aquela sublime condição, algumas coisas das características de alguém semelhante a Ele, enquanto Eles dizem que Ele é:

> Tolerante como a terra, como o raio de Indra; ele é como um lago sem lodo; não há novos nascimentos à sua espera. Seu pensamento é tranquilo, tranquilas são suas palavras e ações,

> quando ele obteve a liberdade pelo verdadeiro conhecimento e assim tornou-se um homem sereno.[23]

Dessa serenidade nos vem uma sensação de paz, de quietude, de calma imperturbada, que nada pode modificar ou arruinar. E compreendemos por que se escreveu sobre um Ser assim:

> Não há sofrimento para aquele que terminou sua jornada e abandonou a angústia, aquele que se libertou e arrojou para longe todos os grilhões.[24]

Assim é o *Arhat* que está no ponto mais alto do caminho, que só tem um passo mais a dar, e então nada mais terá a aprender; assim são a meta e o caminho que todos podem trilhar; assim é o fim da luta, o término em perfeita paz.

Embora possa haver dificuldade, luta e sofri-

[23] *Idem* nota 17. (N.E.)

[24] *Idem* nota 17. (N.E.)

mento para todos os que estão no Pátio Externo, desde que ali entraram, eles não retornariam para onde estavam antes, nem por tudo quanto a Terra lhes pudesse dar.

Porque aquele caminho que se estende diante de nós é um caminho no qual a dor é melhor do que as alegrias terrenas, e os sofrimentos mais gloriosos do que os júbilos mundanos. Se pudéssemos comprimir dentro do espaço de uma vida humana todas as alegrias que a Terra inferior pode dar, se pudéssemos coroar isso com o prazer e o poder de usufruir incessantemente, se pudéssemos trazer todas as alegrias do intelecto sem um toque de dor ou cansaço – vida ideal até o ponto em que a Terra pode assim fazê-la –, comparada aos passos do caminho, aquela vida de alegrias terrenas seria sórdida e opaca em suas cores. Suas harmonias seriam destoantes ao lado das harmonias que estão lá adiante.

Naquele caminho, cada passo dado o é para sempre, cada dor sofrida é bem-recebida pela lição que implica. Aquele caminho faz-se mais brilhante à proporção que as fraquezas desaparecem, mais sereno à proporção que as vibrações da Terra têm menos poder de despertar conflitos e tumultos. Seu fim, sua meta, só o pode saber quem nele está. Mas mesmo aqueles que estão nos primeiros estágios sabem que a mais íntima das suas flores vale o que todas as joias da Terra poderiam dar. Um fulgor da sua Luz faz com que a luz solar da Terra não passe de escuridão. Os que por ali transitam conhecem a paz que traz compreensão, a alegria que as dores da Terra nunca podem destruir, e o local dentro do Templo onde a bem-aventurança existe para sempre.

gráfika®
papel&cores
(61) 3344-3101
comercial@papelecores.com.br